कॉरपोरेट गुरु
नारायण मूर्ति

कॉरपोरेट गुरु नारायण मूर्ति

एन. चोक्कन

प्र

प्रभात
प्रकाशन

प्रकाशक • **प्रभात प्रकाशन प्रा. लि.**
4/19 आसफ अली रोड,
नई दिल्ली–110002

संस्करण • 2024
मूल्य • चार सौ रुपए
मुद्रक • आर–टेक ऑफसेट प्रिंटर्स, दिल्ली

Corporate Guru NARAYAN MURTHY
by Shri N. Chokkan ₹ 400.00
Published by Prabhat Prakashan Pvt. Ltd., 4/19 Asaf Ali Road, New Delhi-2
by arrangement with New Horizon Media Pvt. Ltd.
e-mail: prabhatbooks@gmail.com ISBN 978-81-7315-733-2

देश की आई.टी. अनुप्राणित युवा शक्ति

को

समर्पित

जिसने सूचना प्रौद्योगिकी के क्षेत्र में

अपनी प्रतिभा और कौशल से

विश्व में अद्वितीय स्थान

बनाया है।

अपनी बात

विश्व-विख्यात सॉफ्टवेयर कंपनी इन्फोसिस के मुख्य संस्थापक एवं देश के अग्रणी उद्योगपति नारायण मूर्ति की जीवनगाथा दंतकथाओं जैसी लगती है। इस गाथा को पढ़ते समय आप कदम-कदम पर रोमांच से सिहर उठेंगे। कई प्रसंग तो ऐसे हैं कि अगर आप एक भावुक व्यक्ति हैं तो आपकी आँखें अश्रुपूरित हो जाएँगी। एक व्यक्ति किस प्रकार 'विराट्' का सृजन कर सकता है, उनकी जीवनी में इसका जीवंत विहंगावलोकन किया जा सकता है। उनका जीवन किन-किन मोड़ों से होकर गुजरा, यहाँ उसकी एक झलक दिखाना प्रासंगिक होगा—यह स्पष्ट करने के लिए कि इतनी विसंगतियाँ होने के बावजूद वे सफलता के शीर्ष पर कैसे पहुँच गए।

मूर्ति पढ़ाई में आरंभ से ही कुशाग्र थे। वे आई.आई.टी. से पढ़ाई करना चाहते थे, इसलिए स्कूली शिक्षा के बाद उसकी तैयारी करने लगे। प्रवेश परीक्षा हुई। परिणाम निकला तो हजारों प्रतियोगियों में से वे सत्रहवें स्थान पर रहे। लेकिन धनाभाव के कारण वे वहाँ प्रवेश नहीं ले सके और उन्हें मजबूरन इंजीनियरिंग में प्रवेश लेना पड़ा। वहाँ भी उन्होंने अच्छा किया और इंजीनियरिंग की डिग्री कॉलेज में प्रथम आकर प्राप्त की। इसके बाद उनके भाग्य ने करवट बदली और छात्रवृत्ति के सहारे आई.आई.टी., कानपुर से उन्हें एम.टेक. करने का अवसर प्राप्त हुआ।

पढ़ाई के बाद नौकरी के दौरान उनकी मुलाकात सुधा से हुई और प्रेम के बाद दोनों विवाह-बंधन में बँध गए। दोनों का विवाह केवल 800 रुपए में संपन्न हुआ। इसके लिए दोनों ने चार-चार सौ रुपए मिलाए थे।

आरंभ से ही पैसों की तंगी श्री मूर्ति को परेशान करती रही। शादी से पहले उनके पास इतने पैसे नहीं होते थे कि वे अपनी प्रेमिका के साथ घूम-फिर सकें। सुधा को उनसे अधिक वेतन मिलता था, इसलिए घूमने-फिरने, खाने-पीने का खर्च अकसर वे ही उठाती थीं। और मजेदार बात यह थी कि सारा खर्च वे एक रजिस्टर में लिखती जाती थीं। शादी के बाद उन्होंने खर्च जोड़ा तो वह 4 हजार से थोड़ा ज्यादा निकला। बाद में उन्होंने वह रजिस्टर फाड़कर फेंक दिया।

स्कूली दिनों में पढ़ाई के साथ-साथ वे शरारतों में भी कम नहीं थे। दो दोस्तों के साथ उनकी तिकड़ी 'तीन मसखरों' के नाम से कॉलेज भर में लोकप्रिय थी। स्कूल में एक बार भूगोल के शिक्षक ने मूर्ति से एक सवाल का जवाब पूछा तो वे अपने सहपाठी के साथ गप्पों में मशगूल थे। यह देखकर शिक्षक महोदय ने उन पर नारियल खींच मारा, जिसे वे ग्लोब की तरह कक्षा में इस्तेमाल करते थे। उस घटना की याद मूर्ति को आज भी सिहरा देती है।

आई.आई.टी. की पढ़ाई के बाद मूर्ति ने आई.आई.एम., अहमदाबाद में नौकरी की। वहाँ वे प्रतिदिन 20 घंटे काम करते थे और वेतन मिलता था 800 रुपए महीना। इसके बाद कंप्यूटर सॉफ्टवेयर डेवलपमेंट के सिलसिले में उन्हें पेरिस जाने का मौका मिला। वहाँ घटी एक घटना ने उनके जीवन की दिशा को बदलकर रख दिया।

पेरिस से वापसी के समय यूगोस्लाविया और बुल्गारिया के बीच वे एक लड़की से बात कर रहे थे। उसी दौरान किसी ने पुलिस के कान भर दिए और वह उन्हें जासूस समझकर पकड़कर ले गई। उन्हें

60 घंटे पुलिस हिरासत में बिताने पड़े। इस घटना से मूर्ति ने सबक सीखा कि आदमी को खूब पैसा कमाना चाहिए और उससे जरूरतमंदों की मदद करनी चाहिए।

बाद में भारत लौटकर अच्छी-खासी नौकरी छोड़कर उन्होंने एक कंपनी शुरू करने की सोची। इसके लिए 10 हजार रुपए भी उन्होंने पत्नी सुधा से उधार लिये और सन् 1981 में अपने छह अन्य दोस्तों के साथ पुणे में इन्फोसिस की आधारशिला रखी। अपनी कंपनी के लिए फ़ोन कनेक्शन लेने के लिए उन्हें एक साल इंतजार करना पड़ा था। इस दौरान वे सारे फोन नुक्कड़ की एक दुकान पर लगे फोन से करते थे और ट्रंक कॉल के लिए वहाँ घंटों इंतजार करना पड़ता था। विदेश से कंपनी के लिए एक कंप्यूटर आयात करने में उन्हें तीन साल लग गए थे।

शुरू के दस साल कंपनी के लिए बेहद कठिनाइयों भरे रहे। यहाँ तक कि कंपनी को बंद करने या बेचने तक की नौबत आ गई, लेकिन मूर्ति ने अपने उच्च आत्मविश्वास से उसे बिकने से बचा लिया। और यह उनका आत्मविश्वास ही है कि इतनी कम पूँजी से शुरू हुई वह कंपनी आज सॉफ्टवेयर की दुनिया में एक जाना-माना नाम है। बेंगलुरु में इसका मुख्यालय-परिसर विश्व का सबसे बड़ा कंप्यूटर सॉफ्टवेयर परिसर है। दुनिया भर में इसके दफ्तर व सहायक कंपनियाँ खुली हैं।

अपने वायदे के मुताबिक कंपनी का ही 'इन्फोसिस फाउंडेशन' जरूरतमंदों की मदद के लिए कई परियोजनाएँ चला रहा है और सरकार तथा स्वयंसेवी संगठनों के कंधों-से-कंधा मिलाकर मानव संसाधन को ऊँचा उठाने के लिए कार्यरत है।

सात लोगों से शुरू हुई इन्फोसिस में 90 हजार से ऊपर कर्मचारी कार्यरत हैं और वित्तीय वर्ष 2008 में इसका राजस्व 4.18 अरब अमेरिकी डॉलर के पार पहुँच गया।

यह पुस्तक इन्फोसिस के उन्हीं प्रवर्तक नारायण मूर्ति की जीवनी है, जो आज लाखों-लाख युवाओं के आदर्श और पथ-प्रदर्शक हैं। पहली बार हिंदी भाषा में प्रकाशित 'नारायण मूर्ति की जीवनी' यह पुस्तक निश्चित ही हिंदी पाठकों को रुचिकर, प्रेरक व मार्गदर्शक लगेगी।

अनुक्रम

अमर प्रेम

उनमें से सात वहाँ थे।

वे सब पाटनी कंप्यूटर सर्विसेज (पी.सी.एस.), मुंबई में नौकरी करते थे। उन्होंने एक सपना देखा था। सातों कंप्यूटर तकनीक में विशेषज्ञ थे। उन्हें भरोसा था कि विश्व-स्तर पर सॉफ्टवेयर उद्योग का भविष्य बहुत उज्ज्वल होने वाला है। जो कोई इस सुनहरे अवसर को थाम लेगा, वह ईमानदारी से समुचित धन कमा सकता है।

लेकिन उन सातों के लिए पैसा गौण चीज थी। उन्हें तो बस एक ही चिंता खाए जा रही थी कि कहीं भारत सूचना क्रांति से हाथ न धो बैठे। भारतीयों को इस क्षेत्र में महारत हासिल थी। अगर वे योजनाबद्ध ढंग से इस क्षेत्र में कार्य करें तो देश का सम्मान बढ़ा सकते थे।

लेकिन यह कोई हथेली पर सरसों जमने जैसी बात नहीं थी। इसलिए उन्होंने फौरन नतीजे पाने की इच्छा को त्यागकर धैर्य से अपने लक्ष्य की ओर बढ़ना आरंभ किया।

अपने सपने को साकार करने एवं अपनी दीर्घकालिक योजना पर ध्यान केंद्रित करने के लिए खुले दिमाग, आजादी और जी-तोड़ मेहनत के साथ एक सबसे महत्त्वपूर्ण चीज थी—यह दृढ़ निश्चय कि वे इसे कर सकेंगे।

उन सातों में ये सभी विशेषताएँ मौजूद थीं। लेकिन कई और भी समस्याएँ मुँह बाए खड़ी थीं, जिनमें से सबसे प्रमुख थी—पैसों की कमी!

उनका लक्ष्य था एक विश्व स्तरीय बिल्कुल नया सॉफ्टवेयर व्यवसाय खड़ा करना, लेकिन इसके लिए उनके पास पूँजी का अभाव था।

सातों में से एक नारायण मूर्ति थे, जो पाटनी में सॉफ्टवेयर विभाग के प्रमुख थे। उन्होंने एक नई सॉफ्टवेयर कंपनी खोलने की अपनी चिर-प्रतीक्षित योजना के बारे में अपने कुछ साथियों से चर्चा की, जो उन्हीं की तरह सोचते थे और उनके नए उद्यम का हिस्सा बनने के लिए सहमत थे।

> ***नारायण मूर्ति का जन्म भारत की आजादी से एक वर्ष पूर्व 20 अगस्त, 1946 को तत्कालीन मैसूर राज्य में कोलार जिले के चिटलागट्टा गाँव के एक निर्धन ब्राह्मण परिवार में हुआ था। उनके पिता नागावारा रामाराव एक हाई स्कूल में अध्यापक थे, जो गणित और जीव-विज्ञान पढ़ाते थे।***

लेकिन बैठक करके और ऊँचे सिद्धांत बनाने भर से सॉफ्टवेयर-व्यवसाय आरंभ करना संभव नहीं था। प्रत्येक भागीदार को उस भावी उद्यम में निवेश के लिए ज्यादा-से-ज्यादा धन की बचत करनी थी।

नारायण मूर्ति तो बचपन से ही धनाभाव से दो-चार होते आए थे। वे प्राय: धनाभाव की चिंता में खोए रहते थे, जो उनके और उनके सपने के बीच में खड़ी हुई थी।

नारायण मूर्ति का जन्म भारत की आजादी से एक वर्ष पूर्व 20 अगस्त, 1946 को तत्कालीन मैसूर राज्य में कोलार जिले के चिटलागट्टा गाँव के एक निर्धन ब्राह्मण परिवार में हुआ था। उनके पिता नागावारा रामाराव एक हाई स्कूल में अध्यापक थे, जो गणित और जीव-विज्ञान पढ़ाते थे। उनके आठ बच्चे थे—पाँच बेटियाँ और नारायण मूर्ति सहित तीन बेटे। वे आजीविका जुटानेवाले घर के अकेले सदस्य थे और परिवार को चलाना बहुत कठिन था।

फिर भी रामाराव के पेशे ने बच्चों की इतनी सहायता तो की ही कि

शिक्षा का महत्त्व अच्छी तरह उनकी समझ में आ गया। मूर्ति ने बारंबार यह सुना था कि अच्छी शिक्षा ही एकमात्र वह माध्यम है, जो मार्ग की सभी बाधाओं को दूर कर सकता है।

बचपन में मूर्ति ने अपने माता-पिता की बातों और व्यवहार से सीखा कि पैसा कमाना एवं वैभवपूर्ण जीवन-यापन से कहीं बेहतर है—अध्ययन और विश्व के बारे में ज्ञानार्जन। उन्होंने सीखा कि स्वार्थी न बनें, बल्कि समाज के कल्याण की सोचें। उनके माता-पिता ने यह भी सिखाया कि कभी झूठ न बोलें, हमेशा सच्चाई के रास्ते पर चलें और हर प्रकार के बलिदान के लिए तैयार रहें।

बचपन में मूर्ति ने अपने माता-पिता की बातों और व्यवहार से सीखा कि पैसा कमाना एवं वैभवपूर्ण जीवन-यापन से कहीं बेहतर है—अध्ययन और विश्व के बारे में ज्ञानार्जन। उन्होंने सीखा कि स्वार्थी न बनें, बल्कि समाज के कल्याण की सोचें। उनके माता-पिता ने यह भी सिखाया कि कभी झूठ न बोलें, हमेशा सच्चाई के रास्ते पर चलें और हर प्रकार के बलिदान के लिए तैयार रहें।

एक अध्यापक कितना कमा सकता था? अत: ग्यारह लोगों का वह परिवार (मूर्ति की दादी भी उनके साथ रहती थीं) प्राय: असुविधाओं से जूझता रहता था। मूर्ति और उनके भाई-बहन साल में एक बार दीवाली के समय ही नए कपड़े पहना करते थे। तीन महीनों में एक बार उनके पिता उन्हें सिनेमा दिखाने ले जाते थे। मूर्ति की सिनेमा या ऐसे ही दूसरे मनोरंजनों में ज्यादा रुचि नहीं थी। उनका अधिकतर समय किताबें पढ़ने में बीतता था।

कठिनाइयों के बावजूद रामाराव ने ध्यान रखा कि उनके बच्चों को अच्छी शिक्षा मिले। मूर्ति स्कूली पढ़ाई में काफी अच्छे थे। वे

उत्साहपूर्वक पढ़ते-लिखते थे और प्रायः एक अच्छे विद्यार्थी के रूप में उनकी तारीफ होती थी।

माता-पिता के बाद उनके अध्यापक ही थे, जिनकी मूर्ति सबसे अधिक प्रशंसा करते थे। उनके अध्ययन-प्रेम और अध्यापकों के प्रति प्रेम ने उन्हें नैसर्गिक रूप से पढ़ाई के प्रति समर्पित कर दिया।

उनके पिता का प्रायः स्थानांतरण होता रहता था, इसलिए मूर्ति को मैसूर, श्रीनिवासपुर, मांड्या, मेदिकरे और तुमकुर के कई सरकारी स्कूलों के साथ-साथ शारदा विलास विद्यालय में भी पढ़ने का मौका मिला। लेकिन न तो बार-बार के इस बदलाव ने, न ही गरीबी ने उन पर विपरीत प्रभाव डाला।

उनके पिता का प्रायः स्थानांतरण होता रहता था, इसलिए मूर्ति को मैसूर, श्रीनिवासपुर, मांड्या, मेदिकरे और तुमकुर के कई सरकारी स्कूलों के साथ-साथ शारदा विलास विद्यालय में भी पढ़ने का मौका मिला। लेकिन न तो बार-बार के इस बदलाव ने, न ही गरीबी ने उन पर विपरीत प्रभाव डाला। बल्कि बहुत छोटी सी उम्र में भी उन्होंने समझ लिया था कि गरीब होना कोई शर्म की बात नहीं है। इसलिए वे सम्मानपूर्वक रहते थे। ये सीखें हमेशा उनकी सहायता करती थीं, आज भी।

जब मूर्ति का परिवार मैसूर के निकट मांड्या में रहता था तो एक बार उसने ईंधन के रूप में इस्तेमाल करने के लिए एक स्थानीय व्यापारी से लकड़ी का बुरादा खरीदा। उस व्यापारी ने वह बुरादा कुछ दूर स्थित इमारती लकड़ी के एक डिपो से खरीदा था। मूर्ति की माँ ने तर्क दिया कि यदि उनके परिवार का कोई सदस्य बुरादा सीधे डिपो से खरीद लाए तो वह उन्हें बहुत सस्ता पड़ सकता है।

इस काम के लिए उन्हें किसी की तलाश थी। और जब घर में

तीन-तीन बेटे हों तो उन्हें चिंता की क्या जरूरत थी ? उन्होंने मूर्ति एवं उनके भाइयों को सीधे डिपो से बुरादा लाने को कहा और बदले में उन्हें नकद इनाम भी देने का वादा किया।

लड़के फौरन राजी हो गए। वे पिता की साइकिल से डिपो तक जाते और सस्ता बुरादा खरीद लाते। इस मेहनती यात्रा से उन्हें जो छोटा सा इनाम मिलता, उसे खाने-पीने पर खर्च करते। इस छोटी सी उम्र में यह छोटा सा आनंद ही उन्हें इस काम में लगाए रखे था।

रामाराव को अंग्रेजी की किताबें पढ़ने का शौक था। मूर्ति को भी यह शौक पिता से विरासत में मिला था और बचपन में ही उन्होंने शेक्सपियर को पढ़ लिया था।

लड़के फौरन राजी हो गए। वे पिता की साइकिल से डिपो तक जाते और सस्ता बुरादा खरीद लाते। इस मेहनती यात्रा से उन्हें जो छोटा सा इनाम मिलता, उसे खाने-पीने पर खर्च करते। इस छोटी सी उम्र में यह छोटा सा आनंद ही उन्हें इस काम में लगाए रखे था।

रामाराव को पाश्चात्य संगीत भी पसंद था। साथ ही रेडियो पर घंटों सिंफनी (स्वर-संगीत) सुनना भी पसंद था। मूर्ति को यह संगीत ऐसा लगता था मानो कोई मंडली खेलते हुए तरह-तरह की भ्रमित करनेवाली आवाजें निकाल रही हो। वे समझ नहीं पाते थे कि ऐसे संगीत से लोग कैसे रोमांचित हो जाते थे। एक दिन उन्होंने अपने पिता से आखिर पूछ ही लिया कि यह सब क्या है ? तब रामाराव ने उन्हें पश्चिमी संगीत के बारे में सरल भाषा में विस्तार से समझाया।

"सैकड़ों संगीतकार और यंत्र-वादक एक साथ अपने-अपने यंत्र बजाते हैं।" रामाराव ने मूर्ति को बताया, "सभी विशेषज्ञ होते हैं। हर एक कलाकार अपने फन का उस्ताद होता है। लेकिन किसी एक सिंफनी में वे मिल-जुलकर किसी संगीतकार द्वारा तैयार की गई किसी धुन का

एक मुखड़ा भर प्रस्तुत करते हैं। मिल-जुलकर प्रस्तुत किया गया ऐसा संगीत किसी दैवी साधना से कम नहीं होता।''

रामाराव के इस विश्लेषण से मूर्ति ने एक, या कहना होगा दो, बातें सीखीं। यह सीधे-सीधे सिंफनी के बारे में समझाने के लिए एक पाठ था; लेकिन मूर्ति ने सीखा कि केवल बुद्धिमान होना ही महत्त्वपूर्ण नहीं है बल्कि दूसरों के साथ एक समन्वय बनाते हुए समूह में काम करना ज्यादा महत्त्वपूर्ण है। इस सबक ने भविष्य में उन्हें न केवल समूह में काम करना सिखाया, बल्कि एक महान् प्रबंधक भी बनाया।

स्कूल में एक होशियार विद्यार्थी के रूप में मूर्ति की विज्ञान और गणित में योग्यता जग-जाहिर थी। कक्षा में पढ़ाए गए पाठ को वे शीघ्र याद कर लेते थे। इससे उन विद्यार्थियों के बीच भी वे जल्दी ही लोकप्रिय हो गए, जो उन्हें हास-परिहास कर तंग करते रहते थे। वे बड़े धैर्य के साथ वस्तु-स्थिति की व्याख्या करते थे। उनकी यह विशेषता बाद में उन्हें शिक्षा के क्षेत्र में ले गई। उनके केवल सहपाठी ही नहीं, वरन् वरिष्ठ विद्यार्थी भी अपने जटिल प्रश्नों के समाधान हेतु उनसे संपर्क करते थे।

स्कूल में एक होशियार विद्यार्थी के रूप में मूर्ति की विज्ञान और गणित में योग्यता जग-जाहिर थी। कक्षा में पढ़ाए गए पाठ को वे शीघ्र याद कर लेते थे। इससे उन विद्यार्थियों के बीच भी वे जल्दी ही लोकप्रिय हो गए, जो उन्हें हास-परिहास कर तंग करते रहते थे। वे बड़े धैर्य के साथ वस्तु-स्थिति की व्याख्या करते थे।

हर वर्ष मूर्ति अपनी कक्षा में प्रथम आते थे। अपनी उम्र के अन्य लड़कों से भिन्न, खेल में उनकी कम ही रुचि थी। उनका ध्यान बस अपनी पढ़ाई पर रहता था। वे एक दिन के लिए भी स्कूल से नहीं चूकना

चाहते थे। इतना ही नहीं, अगर उन्हें मौका मिलता तो वे शनिवार और रविवार को भी स्कूल आना पसंद करते।

दसवीं की परीक्षा हुई। मूर्ति राज्य भर में चौथे स्थान पर आए। अपनी इस सफलता से वे बहुत रोमांचित थे। लेकिन उनके पिता थोड़े निराश थे। बोले, ‘‘सिर्फ चौथा स्थान? पहले तीन स्थानों पर क्यों नहीं?’’

मूर्ति को पिता से शाबाशी मिलने की आशा थी, लेकिन यहाँ तो बिल्कुल उलटा हुआ। पिता की प्रतिक्रिया ने उनका मन खराब कर दिया। लेकिन उनकी माँ ने उन्हें सँभाला और उनके इस उल्लेखनीय कार्य के लिए उनका हौसला बढ़ाया।

अगली सामूहिक परीक्षा में राज्य स्तर पर वे तीसरे स्थान पर आए। लेकिन अब भी उनके पिता संतुष्ट नहीं थे। ‘‘सिर्फ तीसरा स्थान?’’ वे बोले।

पिता के असंतोष का कारण मूर्ति की समझ में आने लगा था। वे चाहते थे कि उनका बेटा जो भी काम करे, उसमें तीसरे या चौथे स्थान पर आने के बजाय उसका उद्‌देश्य पहले स्थान पर आने का हो। नतीजों के प्रति असंतोष दरशाकर रामाराव सिर्फ उन्हें बेहतर करने के लिए उत्प्रेरित कर रहे थे। उलटा मनोविज्ञान!

पिता के असंतोष का कारण मूर्ति की समझ में आने लगा था। वे चाहते थे कि उनका बेटा जो भी काम करे, उसमें तीसरे या चौथे स्थान पर आने के बजाय उसका उद्‌देश्य पहले स्थान पर आने का हो। नतीजों के प्रति असंतोष दरशाकर रामाराव सिर्फ उन्हें बेहतर करने के लिए उत्प्रेरित कर रहे थे। उलटा मनोविज्ञान!

यह समझते ही मूर्ति को लगा मानो एकाएक एक दरवाजा खुल गया है। इसके बाद उन्होंने जो भी किया, हमेशा पहले स्थान पर आने के लिए। वे स्वयं को कहते थे, ‘‘मैं प्रथम रहना चाहता हूँ—उसके नीचे

के स्थान अन्य लोगों के लिए हैं।''

संकोची मूर्ति सरलता से किसी के साथ घुल-मिल नहीं पाते थे, लेकिन पढ़ाई में सबसे आगे बने रहने की तीव्र इच्छा का दमन भी नहीं कर पाते थे। उनके प्रसन्न माता-पिता के मन में बेटे को लेकर बहुत से सपने थे।

उसी समय उनके एक नजदीकी रिश्तेदार की सरकारी नौकरी लगी। और राव भी चाहने लगे कि मूर्ति वैसी ही नौकरी करें। लेकिन मूर्ति ने इसके प्रति ज्यादा उत्सुकता नहीं दिखाई, क्योंकि विज्ञान और गणित में उनकी अत्यधिक रुचि थी, इसलिए वे प्रतिष्ठित भारतीय प्रौद्योगिकी संस्थान (आई.आई.टी.) से इंजीनियरिंग करना चाहते थे। आई.आई.टी. में दाखिला लेना और वहाँ बेहतर करना उनका सपना था।

संकोची मूर्ति सरलता से किसी के साथ घुल-मिल नहीं पाते थे, लेकिन पढ़ाई में सबसे आगे बने रहने की तीव्र इच्छा का दमन भी नहीं कर पाते थे। उनके प्रसन्न माता-पिता के मन में बेटे को लेकर बहुत से सपने थे।

आई.आई.टी. में दाखिला मिलना बेहद कठिन था। वहाँ प्रवेश विद्यालय स्तरीय परीक्षा के आधार पर नहीं मिलता है, बल्कि संस्थान अखिल भारतीय स्तर की एक कठिन प्रवेश परीक्षा प्रति वर्ष आयोजित करता है, जिसमें लगभग 1,000 सीटों के लिए कई हजार विद्यार्थी प्रतियोगिता करते हैं।

जिस वर्ष मूर्ति ने विद्यालय स्तरीय परीक्षा उत्तीर्ण की, आई.आई.टी. की 1,200 सीटों के लिए आवेदन आमंत्रित किए गए। हतोत्साहित हुए बिना मूर्ति ने प्रवेश परीक्षा की तैयारी आरंभ कर दी। उन्हें भरोसा था कि वे विशेष योग्यता के साथ सफलता हासिल करेंगे। उन दिनों आई.आई. टी. प्रवेश परीक्षा की तैयारी के लिए न तो प्रशिक्षण केंद्र थे और न ही

सहयोगी पुस्तकें। और चूँकि छोटी जगहों से ज्यादा लोग परीक्षा में नहीं बैठते थे, इसलिए ऐसी सुविधाएँ बेंगलुरु, चेन्नई, मुंबई और दिल्ली जैसे बड़े शहरों में ही उपलब्ध थीं। छोटे शहरों के विद्यार्थियों को मुश्किल से ही समुचित मार्गदर्शन और प्रशिक्षण मिल पाता था।

इन मुश्किलों ने मूर्ति को विचलित नहीं किया। उन्हें पूरा भरोसा था कि जब भी उनके साथ ऐसी कोई समस्या आती है तो वे कठिन परिश्रम करके उससे पार पा लेते हैं।

मैसूर की चामुंडी पहाड़ी में स्थित 'कुयिल थोपू' मूर्ति की पसंदीदा जगह थी। वे नियमित वहाँ जाते थे। वे और उनके कुछ मित्र, जो खुद ही आई.आई.टी. में दाखिला लेने को उत्सुक थे, प्रवेश परीक्षा की तैयारी के लिए वहाँ जाते थे। चामुंडी पहाड़ी पर चट्टानी छाया के नीचे बैठकर वे सभी विषयों पर चर्चा करते थे और पूरी तन्मयता से परीक्षा की तैयारी करते थे।

मैसूर की चामुंडी पहाड़ी में स्थित 'कुयिल थोपू' मूर्ति की पसंदीदा जगह थी। वे नियमित वहाँ जाते थे। वे और उनके कुछ मित्र, जो खुद ही आई.आई.टी. में दाखिला लेने को उत्सुक थे, प्रवेश परीक्षा की तैयारी के लिए वहाँ जाते थे।

मूर्ति समूह के स्वाभाविक नेता, बाकी सबके आदर्श की तरह थे। वे सब आई.आई.टी. के सपने देखते थे, लेकिन इस सच्चाई को भी भलीभाँति जानते थे कि वहाँ तक पहुँचने में प्रवेश परीक्षा एक बड़ी बाधा है।

जल्दी ही नियत दिन आ पहुँचा। मूर्ति और उनके मित्रों की परीक्षा सुंदर बागों के शहर बेंगलुरु में पड़ी। लंबित नतीजों की आतुरता में वह युवा-समूह शहर के दर्शनीय स्थलों पर घूमकर मौज-मस्ती भी नहीं कर सका।

कुछ सप्ताहों बाद घोषित परिणाम अच्छी खबर लेकर आया।

अखिल भारतीय स्तर पर बैठे हजारों उम्मीदवारों में से मूर्ति सत्रहवें स्थान पर रहे। यह उनकी कठोर मेहनत और योग्यता का इनाम था। यह कोई सहज कार्य नहीं था। यह उपलब्धि कई मायनों में अहम थी, क्योंकि उन्होंने इसे नगरीय भारत के दूरस्थ एक छोटे से कस्बे में रहकर बिना किसी विशेष सहायता, प्रोत्साहन या मार्गदर्शन के अर्जित की थी।

इस प्रवेश परीक्षा में उनके कुछ मित्रों ने भी सफलता हासिल की थी। मूर्ति और उनके मित्र अभिभूत थे। वे साथ-साथ आई.आई.टी. में अध्ययन करने और जिंदगी में पहचान बनाने जा रहे थे।

रामाराव को उन दिनों सिर्फ 250 रुपए मासिक वेतन मिलता था। इस थोड़े से वेतन में ही उन्हें परिवार के खाने-कपड़े, बच्चों की पढ़ाई-लिखाई और बेटियों की शादी का खर्च उठाना था। इन परिस्थितियों में, उन्हें नहीं लगता था कि वे मूर्ति की आई.आई.टी. की पढ़ाई का खर्च उठा पाएँगे।

लेकिन मूर्ति का स्वप्न उस समय चकनाचूर हो गया, जब उनके पिता ने मानो बम वर्षा की, ''नहीं मूर्ति, तुम आई.आई.टी. में नहीं जाओगे।''

''क्यों पिताजी?'' मूर्ति ने काँपते हुए पूछा।

उनके पिता ने जवाब दिया, ''तुम्हें हमारी आर्थिक स्थिति नहीं मालूम?''

रामाराव को उन दिनों सिर्फ 250 रुपए मासिक वेतन मिलता था। इस थोड़े से वेतन में ही उन्हें परिवार के खाने-कपड़े, बच्चों की पढ़ाई-लिखाई और बेटियों की शादी का खर्च उठाना था। इन परिस्थितियों में, उन्हें नहीं लगता था कि वे मूर्ति की आई.आई.टी. की पढ़ाई का खर्च उठा पाएँगे।

उन दिनों आई.आई.टी. की फीस अन्य कॉलेजों की फीस की तुलना में बेहद कम थी। लेकिन आई.आई.टी. के छात्र को हॉस्टल में

रहना पड़ता था। मूर्ति को हॉस्टल में रहने और खाने दोनों की फीस देनी पड़ती। यह कोई छोटी-मोटी रकम नहीं बैठती। मूर्ति को आई.आई.टी. से एक छात्रवृत्ति भी मिली; लेकिन वह रकम साल के अंत में मिलती थी। इस बीच पूरा खर्च उनके पिता को भरना पड़ता और वे समझते थे कि वे उसका बंदोबस्त नहीं कर सकेंगे।

रामाराव को मूर्ति के आई.आई.टी. में पढ़ने के सपने के बारे में बखूबी पता था। यद्यपि उन्होंने पारिवारिक स्थिति को जस-की-तस सामने रख दिया था, पर वे समझते थे कि उनके पास कोई विकल्प बाकी नहीं है। सौभाग्य से, मूर्ति पारिवारिक स्थिति को समझ गए और अपने दुःख व निराशा को पी गए।

रामाराव को मूर्ति के आई.आई.टी. में पढ़ने के सपने के बारे में बखूबी पता था। यद्यपि उन्होंने पारिवारिक स्थिति को जस-की-तस सामने रख दिया था, पर वे समझते थे कि उनके पास कोई विकल्प बाकी नहीं है। सौभाग्य से, मूर्ति पारिवारिक स्थिति को समझ गए और अपने दुःख व निराशा को पी गए।

फिर भी, सबकुछ नष्ट नहीं हुआ था। अपनी इच्छानुसार मूर्ति इंजीनियरिंग कर सकते थे—वह भी स्थानीय कॉलेज में; उनके पिता ने कहा था कि वे केवल उसी का खर्च उठा सकते थे।

मूर्ति सहमत हो गए। इस प्रकार उन्होंने अपनी उम्र से अधिक समझदारी दिखाई। अभी किशोरावस्था भी नहीं गुजरी थी, उन्होंने पिता की परेशानी को समझा और अपने परिवार की खातिर अपने स्वप्न का बलिदान देने के लिए तैयार हो गए।

जब उनके मित्र आई.आई.टी. में प्रवेश लेने के लिए जाने लगे तो मूर्ति ने हसरत भरी आँखों से रेलवे स्टेशन पर उन्हें विदाई दी। अपनी

निराशा को छिपाते हुए उन्होंने अपने मित्रों को शुभकामनाएँ दीं और ट्रेन जाने तक चुप खड़े रहे। एक मित्र ने उदास होकर कहा, "तुम्हें भी हमारे साथ चलना चाहिए।"

मूर्ति ने कोई जवाब नहीं दिया। वे किसी को दोष नहीं देना चाहते थे।

'आई.आई.टी. में पढ़ना गर्व की बात है। यह भी सत्य है कि यह सफलता का पासपोर्ट है। लेकिन क्या हर किसी को यह अवसर हासिल होता है? यदि मैं कठिन मेहनत करूँ, जैसे मैंने प्रवेश परीक्षा के लिए की थी; यदि मैं अपनी सारी बुद्धि एवं उद्यम का इस्तेमाल करूँ तो क्या मैं अपने जीवन को संपन्नता के मार्ग पर अग्रसर नहीं कर सकता?'

कुछ मिनटों में ट्रेन भाप उड़ाते हुए आँखों से ओझल हो गई।

दूर जाती ट्रेन के धुएँ में ही मूर्ति का स्वप्न कहीं खो गया; लेकिन उसी समय उन्होंने जीवन में कुछ बनने का संकल्प किया।

'आई.आई.टी. में पढ़ना गर्व की बात है। यह भी सत्य है कि यह सफलता का पासपोर्ट है। लेकिन क्या हर किसी को यह अवसर हासिल होता है? यदि मैं कठिन मेहनत करूँ, जैसे मैंने प्रवेश परीक्षा के लिए की थी; यदि मैं अपनी सारी बुद्धि एवं उद्यम का इस्तेमाल करूँ तो क्या मैं अपने जीवन को संपन्नता के मार्ग पर अग्रसर नहीं कर सकता?'

इन विचारों ने आनेवाले अनेक वर्षों तक उनका मार्गदर्शन किया।

'मुझे उन चीजों को तो स्वीकार करना ही होगा, जिन्हें मैं नहीं बदल सकता; लेकिन परिस्थितियों को मैं अपने जीवन पर हावी नहीं होने दूँगा। मुझे परिस्थितियों को जीतकर सफलता पानी होगी।'

और, आई.आई.टी. में दाखिला न लेने की निराशा से जल्दी

ही उबरकर उन्होंने मैसूर विश्वविद्यालय के नेशनल इंस्टीट्यूट ऑफ इंजीनियरिंग में बी.ई. (बैचलर ऑफ इंजीनियरिंग) में दाखिला ले लिया। उन्होंने विषय के रूप में इलेक्ट्रिकल इंजीनियरिंग का चुनाव किया। यहाँ भी उन्हें कुछ अच्छे अध्यापक मिले और वे शीघ्र ही उनके चहेते छात्र बन गए। उन्होंने यहाँ स्कूल से भी ज्यादा रुचिपूर्वक अध्ययन किया और उत्साहपूर्वक नई-नई बातें सीखीं।

सन् 1967 में, वे कॉलेज में प्रथम आए और अपनी बी.ई. की डिग्री हासिल की। अब आई.आई.टी. में प्रवेश का उनके पास दूसरा मौका था। सौभाग्य से इस बार उन्हें निराश नहीं होना पड़ा। उन्होंने आई.आई.टी., कानपुर में एम.टेक. में प्रवेश लिया। एम.टेक. छात्र के रूप में, उन्हें मिलनेवाली छात्रवृत्ति में हॉस्टल की भी पूरी फीस शामिल थी।

आई.आई.टी. में मूर्ति भारत के अलग-अलग भागों से आए छात्रों से लगातार मिलते-जुलते रहते थे। यह उनके लिए एक मजेदार अनुभव रहा।

आई.आई.टी. में भी हालाँकि उन्होंने इलेक्ट्रिकल इंजीनियरिंग में ही विशेषज्ञता हासिल की, लेकिन उन्हें लगा कि कोई और भी है, जो उन्हें आकर्षित कर रहा था; यह आई.बी.एम. का बना कंप्यूटर था, जिसे भारत में आयात किया गया था।

यह पहला मौका था, जब मूर्ति ने कंप्यूटर देखा। जब अध्यापकों ने उस जादुई उपकरण की विशेषताएँ बताईं तो मूर्ति उत्साह और अचंभे से भर उठे।

❑

अधिक कमाई में नहीं बुराई

कानपुर में नारायण मूर्ति ने बहुत से नए मित्र बनाए। उन्होंने कंप्यूटर के बारे में भी पर्याप्त जानकारी हासिल की। दो साल के अंदर-अंदर वे वहाँ ऐसे छात्र बन गए, जिन्हें उस क्षेत्र का विशेषज्ञ कहा जाने लगा। सन् 1969 में जब उन्होंने एम.टेक. की डिग्री हासिल की, चार कंपनियों ने उन्हें नौकरी के प्रस्ताव दिए। वे सचमुच बड़े प्रतिष्ठान थे—हिंदुस्तान मशीन टूल्स (एच.एम.टी.), एक अग्रणी कलाई घड़ी निर्माता कंपनी; सरकार द्वारा संचालित इलेक्ट्रॉनिक्स कॉरपोरेशन ऑफ इंडिया; टाटा का टेल्को और एयर इंडिया, भारत सरकार द्वारा परिचालित अंतरराष्ट्रीय वायु सेवा।

ये सभी नौकरियाँ मूर्ति की विशेषज्ञता के लिए चुनौती की तरह थीं। इनमें वेतन भी अच्छा था। अभी वे इन चार विकल्पों पर चिंतन-मनन कर रहे थे कि एक और अवसर ने दस्तक दे दी।

कॉलेज के दिनों के मूर्ति के चहेते प्रो. कृष्णैया ने उन्हें अहमदाबाद के इंडियन इंस्टीट्यूट ऑफ मैनेजमेंट में नौकरी के लिए आमंत्रित किया। आई.आई.एम. में वेतन यद्यपि चार कंपनियों द्वारा प्रस्तावित वेतन से कम था, लेकिन यहाँ मूर्ति बेहतरीन अनुभव हासिल कर सकते थे।

सबसे पहले, कॉलेज का माहौल नौकरी के बोझ को कम कर सकता था, एक अध्यापक एक छात्र जैसा अनुभव कर सकता है और अधिक उत्साह के साथ काम कर सकता है। व्यावसायिक प्रतिष्ठान की

तुलना में शिक्षण संस्थान प्रयोगों और नई चीजों को सीखने के अधिक अवसर उपलब्ध करवा सकता था।

सबसे महत्त्वपूर्ण, आई.आई.एम., अहमदाबाद में एक बिल्कुल नया कंप्यूटर लगाया गया था। मूर्ति ने अब तक जितने भी कंप्यूटर देखे थे, यह उन सबसे बेहतर और तेज था। वे उसे चलाकर बहुमूल्य अनुभव हासिल कर सकते थे।

कृष्णैया ने ये सब बातें मूर्ति को बताईं और उन्हें राजी कर लिया। मूर्ति ने सन् 1969 में आई.आई.एम.ए. में बतौर चीफ सिस्टम प्रोग्रामर की नौकरी का प्रस्ताव स्वीकार कर लिया। उनका आरंभिक मासिक वेतन 800 रुपए तय हुआ।

कृष्णैया ने ये सब बातें मूर्ति को बताईं और उन्हें राजी कर लिया। मूर्ति ने सन् 1969 में आई.आई.एम.ए. में बतौर चीफ सिस्टम प्रोग्रामर की नौकरी का प्रस्ताव स्वीकार कर लिया। उनका आरंभिक मासिक वेतन 800 रुपए तय हुआ।

जैसा कि उन्होंने सोचा था, यह नई नौकरी उनके लिए बहुत सहायक सिद्ध हुई। उनके लिए यह कंप्यूटर के क्षेत्र में उच्च अध्ययन या प्रशिक्षण के तुल्य थी।

मूर्ति नियमित प्रतिदिन लगभग बीस घंटे अपने कंप्यूटर के आगे बिताते थे और अकसर प्रात: 3.00 बजे तक अपने कक्ष में लौटते थे। फिर एक छोटी झपकी के बाद बिना नागा प्रात: 7.00 बजे अपने काम पर लौट आते थे। दिन का अधिकांश भाग यद्यपि वे अपने कंप्यूटर के साथ बिताते थे, लेकिन फिर भी इस मशीन से उनका प्रेम राई-रत्ती भर भी कम नहीं हुआ। दरअसल यह बड़ी तेजी से बढ़ता चला गया और जल्दी ही प्रयोग के जुनून में बदल गया।

मूर्ति का मानना था कि शिक्षा का अर्थ यह कदापि नहीं है कि पाठ्य पुस्तक को याद करके दिमाग में बिठा लिया जाए। उनका मानना

था कि जब कोई समस्या आ खड़ी हो, तब जरूर उस समस्या को हल करने के लिए किताबी ज्ञान के साथ-साथ अपने अनुभव का समुचित प्रयोग किया जाए।

आई.आई.एम. में तुलनात्मक रूप से कम वेतन मिलने के बावजूद उन्हें कभी इसका पछतावा नहीं हुआ। बल्कि वे अकसर कहते थे, ''यह मेरे जीवन का एक बेहद महत्त्वपूर्ण और सर्वश्रेष्ठ निर्णय था।''

आई.आई.एम. में ही मूर्ति की राजनीतिक जागरूकता सक्रिय हुई। वामपंथी विचारधारा ने उन्हें आकर्षित किया और अपने विचार उन्होंने अपने मित्रों के साथ बाँटे। ''हम सब बराबर हैं।'' वे उनसे कहते थे, ''अमीर और गरीब के बीच में भेदभाव नहीं होना चाहिए।''

आई.आई.एम. में ही मूर्ति की राजनीतिक जागरूकता सक्रिय हुई। वामपंथी विचारधारा ने उन्हें आकर्षित किया और अपने विचार उन्होंने अपने मित्रों के साथ बाँटे। ''हम सब बराबर हैं।'' वे उनसे कहते थे, ''अमीर और गरीब के बीच में भेदभाव नहीं होना चाहिए।''

उनके एक मित्र उन्हें छेड़ते हुए कहते थे, ''तुम साम्यवाद की बात करते हो, क्योंकि तुम्हें कम पगार मिलती है। जब तुम्हें किसी बड़ी कंपनी में मोटी पगारवाली नौकरी मिलेगी तो तुम्हारी विचारधारा हवा में उड़ जाएगी।''

मूर्ति ने अपने मित्रों को गलत सिद्ध करने का निश्चय किया। उन्होंने हिंदुस्तान लीवर में एक नौकरी के लिए आवेदन दिया और जैसी कि उन्हें उम्मीद थी, उन्हें नौकरी का बुलावा दिया गया। लेकिन उन्होंने वह नौकरी नहीं की। लीवर द्वारा उन्हें बेहतर वेतन और सुविधाओं का भरोसा दिया गया, लेकिन आई.आई.एम. को नहीं छोड़ने का निश्चय कर उन्होंने अपने सिद्धांतों के प्रति निष्ठा का प्रदर्शन किया। इस प्रकार

अपने मित्रों को उन्होंने गलत सिद्ध कर दिया।

आई.आई.एम. में अपने प्रवास के दौरान मूर्ति की सबसे बड़ी उपलब्धि रही ECIL के लिए BASIC में लिखित प्रोग्राम को एक्टिवेट करने हेतु एक इंटरप्रेटर की रचना करना।

आई.आई.एम. में लगभग तीन साल कार्य करने के बाद मूर्ति को आगे बढ़ने का एक अवसर हासिल हुआ, विदेश जाकर अपनी प्रतिभा दिखाने का। यह बस उनकी कठिन मेहनत का पुरस्कार था।

आई.आई.एम. में कार्य के दौरान मूर्ति ने एक शोध-पत्र प्रकाशित किया, जिसने बहुत से भावी नियोक्ताओं का ध्यान आकर्षित किया। इनमें से फ्रांस की एक कंपनी सेसा (SESA) भी थी, जिसने उनसे संपर्क किया। मूर्ति ने सन् 1972 में सेसा (SESA) में नौकरी कर ली और पेरिस चले गए। उस चुनौतीपूर्ण कार्य को उन्होंने उत्साहपूर्वक लिया और इसे अपनी प्रतिभा दिखाने का एक अवसर मानते हुए जी-जान से उसमें जुट गए।

मूर्ति का काम था पेरिस के चार्ल्स द गॉल हवाई अड्डे के माल विभाग के दिन-प्रतिदिन के कार्यकलाप की कंप्यूटर-गणना करना। कई महीनों की कठिन मेहनत के बाद मूर्ति की टीम ने एक ऑपरेटिंग सिस्टम तैयार किया, जिसे विभिन्न विभागों के लगभग चार सौ लोग एक साथ इस्तेमाल कर सकते थे।

मूर्ति का काम था पेरिस के चार्ल्स द गॉल हवाई अड्डे के माल विभाग के दिन-प्रतिदिन के कार्यकलाप की कंप्यूटर-गणना करना। कई महीनों की कठिन मेहनत के बाद मूर्ति की टीम ने एक ऑपरेटिंग सिस्टम तैयार किया, जिसे विभिन्न विभागों के लगभग चार सौ लोग एक साथ इस्तेमाल कर सकते थे। हवाई अड्डे पर माल-संचालन को सरलीकृत करने में यह सिस्टम बहुत सहायक था।

पेरिस में मूर्ति ने अपने खाली समय का उपयोग ज्ञान ग्रहण करने में किया। उन्होंने फ्रेंच धारा-प्रवाह बोलनी सीख ली। उन्होंने वामपंथी विचारधारा का भी अध्ययन किया। और चूँकि वे बचपन से ही गरीबी के बारे में जानते थे, इससे आश्चर्य की बात नहीं थी कि वे वामपंथी सिद्धांतों की ओर आकर्षित हुए।

साथ ही, मूर्ति यह भी समझते थे कि वामपंथ में उनका भरोसा उनकी कठोर मेहनत से अमीर बनने की उनकी कोशिश को किसी भी तरह से बाधित नहीं कर सकता। उनका विश्वास था कि जो गरीबों की मदद करना चाहते हैं पहले उन्हें धन की बचत करनी चाहिए, जिससे कि बाद में वे इसे दूसरों को बराबर बाँट सकें। यदि इस सच्चाई को नहीं समझा गया तो वामपंथ कागज पर ही सिमटा रह जाएगा।

मूर्ति यह भी समझते थे कि वामपंथ में उनका भरोसा उनकी कठोर मेहनत से अमीर बनने की उनकी कोशिश को किसी भी तरह से बाधित नहीं कर सकता। उनका विश्वास था कि जो गरीबों की मदद करना चाहते हैं पहले उन्हें धन की बचत करनी चाहिए, जिससे कि बाद में वे इसे दूसरों को बराबर बाँट सकें।

मूर्ति के पिता अकसर कहा करते थे, ''पाश्चात्य देशों से भारत बहुत कुछ सीख सकता है।'' इसे अब वे पूरी तरह समझने लगे थे।

जब उन्होंने फ्रांस एवं दूसरे पड़ोसी देशों में अमीरों, गरीबों और नेताओं को देखा; खास आधारभूत बातें उनकी समझ में आ गईं।

सबसे पहली, समाज में सबके लिए धनवान् होना संभव नहीं है; केवल कुछ ही ऐसे हो सकते हैं।

दूसरी, जो लोग ऐसे हो सकते हैं, इसके लिए उन्हें स्वयं को दोषी नहीं समझना चाहिए। सच्चाई से कमाए गए धन को बचाने में कुछ भी

गलत नहीं है; लेकिन उन्हें निहित स्वार्थ के साथ यह नहीं सोचना चाहिए कि उस धन पर केवल उन्हीं का अधिकार है।

तीसरी और सबसे महत्त्वपूर्ण—देश की सरकार को वहाँ के लोगों को ईमानदारी से धनार्जन में सहायता देनी चाहिए। यह सरकार का दायित्व है कि इसके लिए वह अनुकूल माहौल पैदा करे। और तब जो उस तरीके से धन बचाते हैं, दूसरों की मदद करें; इस तरह पूरा समाज लाभान्वित हो सकेगा।

मूर्ति ने अपने विश्व-दृष्टिकोण को पैना किया। वे वामपंथी विचारधारा की ताकत और उसे इस्तेमाल करने के तरीके को समझ गए थे। उनका मानना था कि जहाँ राजनीतिज्ञ एवं दूसरे नेतागण इस प्रकार नहीं सोचेंगे, वामपंथ सफल नहीं होगा।

मूर्ति ने अपने विश्व-दृष्टिकोण को पैना किया। वे वामपंथी विचारधारा की ताकत और उसे इस्तेमाल करने के तरीके को समझ गए थे। उनका मानना था कि जहाँ राजनीतिज्ञ एवं दूसरे नेतागण इस प्रकार नहीं सोचेंगे, वामपंथ सफल नहीं होगा।

जितने साल मूर्ति पेरिस में रहे, उनका जीवन पूरी तरह बदल गया। उनका एक स्पष्ट दृष्टिकोण बना कि क्यों लोगों को धनार्जन करना चाहिए और कैसे उसे बाकी समाज पर खर्च करना चाहिए।

मूर्ति कहते हैं, "सभ्य समाज वह है, जहाँ प्रत्येक पीढ़ी आनेवाली पीढ़ी के बेहतर और खुशहाल भविष्य को सुनिश्चित करने के लिए व्यक्तिगत बलिदान दे दे।"

"एक निश्चित स्तर तक सुख-सुविधाएँ पाने के बाद मैं मानता हूँ कि लोगों को अपनी धन-संपत्ति को समाज के विकास में लगा देना चाहिए। मेरे साथी भी ऐसा ही सोचते हैं।"

"मैं हमेशा कहता हूँ कि पैसे की असली ताकत है इसे दूसरों को सौंप देने की ताकत।"

अपने कथनानुसार, विदेश में उन्होंने जो भी कमाया, सबकुछ जरूरतमंदों को दे दिया। अपने लिए उन्होंने कुछ भी बचाकर नहीं रखा।

फ्रांस में तीन साल बिताकर सन् 1974 में जब उन्होंने भारत वापस लौटने का निर्णय किया तो वे सिर्फ 450 डॉलर लेकर लौटे। पैसे बचाने की गरज से उन्होंने भारत की यात्रा सड़क मार्ग से तय करने की सोची। उनका विचार था कि इस तरह वे जिन-जिन वामपंथी देशों से होकर गुजरेंगे, वहाँ के वामपंथी सिद्धांतों की जानकारी भी कर लेंगे।

इस उद्देश्य को पूरा करने के लिए मूर्ति ने लंबी रेल-यात्रा आरंभ की। रेल में वे एक बुल्गेरियाई महिला से बात करने लगे। फ्रेंच में बोलते हुए वे कई सामाजिक समस्याओं पर बातें कर रहे थे। पूँजीवाद उनकी चर्चा का मुख्य विषय बना हुआ था। इस अंतहीन बातचीत ने महिला के पुरुष-मित्र को ईर्ष्या से क्षुब्ध कर दिया। उसने मूर्ति पर कुछ झूठे आरोप लगाते हुए अगले स्टेशन पर पुलिस को बुला लिया।

फ्रांस में तीन साल बिताकर सन् 1974 में जब उन्होंने भारत वापस लौटने का निर्णय किया तो वे सिर्फ 450 डॉलर लेकर लौटे। पैसे बचाने की गरज से उन्होंने भारत की यात्रा सड़क मार्ग से तय करने की सोची।

उस व्यक्ति ने आरोप लगाते हुए कहा कि मूर्ति या तो कोई जासूस है या उसने वामपंथ के विरुद्ध मुँह खोला है। स्थानीय पुलिस ने उस व्यक्ति की बातों पर भरोसा करके बिना जाँच-पड़ताल के मूर्ति को गिरफ्तार कर लिया। उन्होंने उनके सूटकेस और बैग जब्त कर लिये, उनकी तलाशी ली और उनका पासपोर्ट भी ले गए। उन्हें जेल की कोठरी में डाल दिया गया। उसमें खिड़की भी नहीं थी और फर्श पर बिछाने के

लिए कंबल भी नहीं दिया गया। बिना खाए-पिए उन्हें तीन दिन जेल में रहना पड़ा।

मूर्ति को बाद में रिहा कर दिया गया; पर यह ज्ञात नहीं हो सका कि पुलिस का हृदय-परिवर्तन कैसे हुआ। उन्होंने कहा, ''भारत हमारा मित्र देश है; हम तुम्हें इसलिए छोड़ रहे हैं, क्योंकि तुम भारतीय हो।''

मूर्ति, जो लगभग साठ घंटे तक जेल में उस अपराध के लिए रहे, जो उन्होंने नहीं किया था, अब भय और बेचैनी से उबर गए थे। उन्हें आश्चर्य था, 'यदि मित्र देश के नागरिक के साथ यह सब हो सकता है तो जो देश मित्र नहीं होते, उनके नागरिकों के साथ पुलिस कैसा व्यवहार करती होगी!

मूर्ति, जो लगभग साठ घंटे तक जेल में उस अपराध के लिए रहे, जो उन्होंने नहीं किया था, अब भय और बेचैनी से उबर गए थे। उन्हें आश्चर्य था, 'यदि मित्र देश के नागरिक के साथ यह सब हो सकता है तो जो देश मित्र नहीं होते, उनके नागरिकों के साथ पुलिस कैसा व्यवहार करती होगी!

इस घटना ने वामपंथ के प्रति उनकी अवधारणा को बदलकर रख दिया। उन्होंने एक दृढ़ निश्चय किया कि वे एक कंपनी स्थापित करेंगे जो वामपंथ, समाजवाद और पूँजीवाद के अच्छे पहलुओं पर आधारित होगी।

बुल्गेरियाई पुलिस ने उनका पासपोर्ट लौटा दिया और उन्हें एक माल वाहन पर बिठाकर दूर छुड़वा दिया। कई दिनों की यात्रा के बाद अंततोगत्वा वे भारत पहुँचे।

सन् 1975 में, मूर्ति और उनके कॉलेज के एक प्रोफेसर ने मिलकर सिस्टम रिसर्च इंस्टीट्यूट (SRI) नामक एक शोध प्रतिष्ठान आरंभ किया। देश में यह अंधकारपूर्ण दिनों का दौर था। प्रधानमंत्री ने उन दिनों आपातकाल की घोषणा की थी।

मूर्ति ने जो सॉफ्टवेयर तैयार किया था, वह माल-संचालन की कंप्यूटर गणना और हवाई अड्डों एवं अन्य स्थानों पर माल का सरल परिचालन मुहैया कराता था। स्वभावत: मूर्ति सिस्टम थ्योरी और ऑपरेशन रिसर्च में दक्ष थे, इसलिए वे यह सॉफ्टवेयर तैयार कर सके।

एस.आर.आई. का लक्ष्य था कि वह अपने सॉफ्टवेयर प्रोग्रामों को भारत की सामाजिक समस्याओं, सड़क सुविधाओं और पानी एवं बिजली जैसी मौलिक आवश्यकताओं के साथ जोड़े। लेकिन उनके शोध प्रस्तावों पर सरकार ने ध्यान तक देने की जहमत नहीं उठाई। वे पड़े-पड़े धूल खाते रहे।

एस.आर.आई. में दो साल रहकर मूर्ति पाटनी कंप्यूटर सिस्टम्स (PCS), मुंबई में बतौर सलाहकार (कंसल्टेंट) जुड़ गए।

पी.सी.एस. में उनके योगदान की चर्चा से पहले आइए, एक असाधारण युवती की चर्चा करते हैं, जो उन्हें पुणे में मिली थी। एक तरह से, मूर्ति के पाटनी जैसी बड़ी कंपनी से जुड़ने में वह सहायक बनी थी।

यह एक रोचक प्रेम कहानी है।

❑

सुधा नारायण मूर्ति

'इस पद के लिए महिलाएँ आवेदन न करें।'

सुधा कुलकर्णी ने विज्ञापन की यह आखिरी पंक्ति पढ़ी तो उन्हें ऐसा लगा मानो किसी ने उनके मुँह पर जोरदार तमाचा जड़ दिया हो। उन्होंने गुस्से में भरकर अखबार के टुकड़े-टुकड़े कर दिए।

यह टाटा के टेल्को (TELCO) का एक विज्ञापन था, जो भारी वाहनों का निर्माण करता है। इसने टेल्को में कार्य करने के लिए युवा इंजीनियरों को आमंत्रित किया था।

इस विज्ञापन ने महिलाओं को खुले तौर पर वर्जनीय बना दिया था, जो सामाजिक समानता के विरुद्ध था। नौकरी को कौशल और क्षमता के आधार पर प्रस्तावित करने के स्थान पर खुले तौर पर यह घोषणा की गई थी कि यह सिर्फ पुरुषों के योग्य है।

सुधा को लगा कि यह सरासर अनुचित था। उन्हें भरोसा नहीं हुआ कि टाटा जैसी कंपनी, जो हर क्षेत्र में अग्रणी थी, उसकी विचारधारा इतनी पिछड़ी हो सकती थी।

सुधा को लगा कि केवल परेशान होने से ही बात नहीं बनेगी। उन्होंने कठोर शब्दों में एक पत्र लिखकर टेल्को की इस पिछड़ी विचारधारा की निंदा की। यह पत्र उन्होंने सीधे टाटा कंपनी समूह के अध्यक्ष जे.आर.डी. टाटा के पास भेज दिया।

''उस समय आगे पढ़ाई के लिए मैं विदेश जाने की तैयारी कर

रही थी। पत्र में मैंने इस बात पर जोर दिया था कि लिंग के आधार पर योग्य महिला इंजीनियर को नौकरी न देना सरासर अन्याय है।'' उन्होंने पिछली यादों को ताजा करते हुए एक साक्षात्कार में बहुत से पत्रकारों को बताया।

इसके बाद सुधा उस पत्र की बात भूल गईं। लेकिन जे.आर.डी. टाटा ने उनकी साफगोई की तारीफ की—चयन समिति को तत्काल निर्देश दिया गया कि उनका आवेदन स्वीकार किया जाए। समिति ने सुधा को एक टेलीग्राम भेजा, जिसमें कहा गया कि वे पुणे में व्यक्तिगत साक्षात्कार हेतु उपस्थित हों।

इसके बाद सुधा उस पत्र की बात भूल गईं। लेकिन जे.आर.डी. टाटा ने उनकी साफगोई की तारीफ की—चयन समिति को तत्काल निर्देश दिया गया कि उनका आवेदन स्वीकार किया जाए। समिति ने सुधा को एक टेलीग्राम भेजा, जिसमें कहा गया कि वे पुणे में व्यक्तिगत साक्षात्कार हेतु उपस्थित हों।

साक्षात्कार के आधिकारिक बुलावे के बावजूद सुधा को नौकरी मिलने की उम्मीद नहीं थी, क्योंकि उन्होंने टाटा से सीधे-सीधे उनकी कंपनी की आलोचना जो कर दी थी। पुणे में उन्हें देखकर हर कोई आशंका से भर गया और उनके प्रति कटुता से यह कहते सुना गया कि—'इसी औरत ने उनके बॉस को चिट्ठी लिखी थी।'

सुधा याद करके बोलीं, ''मुझे लगा कि मुझे नौकरी नहीं मिलेगी। जब आप उम्मीद छोड़ देते हैं तो आपका डर खत्म हो जाता है। इसलिए मैंने साहसपूर्वक चयन समिति से कहा कि यदि वे साक्षात्कार को लेकर गंभीर नहीं हैं तो वक्त बरबाद न करें।''

''लेकिन उस स्तुत्य चयन समिति ने ढाई घंटे तक मेरा साक्षात्कार

लिया और मुझसे विशुद्ध तकनीकी प्रश्न पूछे, जिनके मैंने बारी-बारी जवाब दिए।''

अंत में सुधा को नौकरी मिल गई। वे पहली महिला इंजीनियर थीं, जिन्होंने अपने कौशल और ज्ञान के बलबूते टाटा के किले में सेंध लगाई थी।

1970 के दशक के उतरार्द्ध में अधिकांश भारतीय कंपनियाँ महिलाओं को नौकरी पर नहीं रखती थीं। महिलाओं के मातहत काम करना पुरुष अपनी शान के खिलाफ समझते थे। पूरे देश में यह प्रचलन था कि महिलाएँ भले ही कितनी भी प्रशिक्षित हों, वे खास तकनीकी काम नहीं कर सकतीं और न ही भलीभाँति कर्मचारियों से काम ले सकती हैं।

1970 के दशक के उतरार्द्ध में अधिकांश भारतीय कंपनियाँ महिलाओं को नौकरी पर नहीं रखती थीं। महिलाओं के मातहत काम करना पुरुष अपनी शान के खिलाफ समझते थे। पूरे देश में यह प्रचलन था कि महिलाएँ भले ही कितनी भी प्रशिक्षित हों, वे खास तकनीकी काम नहीं कर सकतीं और न ही भलीभाँति कर्मचारियों से काम ले सकती हैं।

ये बाधाएँ या अड़चनें 1980 के दशक के आरंभ में जाकर कहीं छिन्न-भिन्न हुईं। सुधा संभवतः वे पहली महिला थीं, जिन्होंने इन बाधाओं पर विजय पाई और उद्योग-धंधों में भारतीय महिलाओं की भागीदारी सुनिश्चित करने के लिए प्रेरणा का काम किया।

पुणे से अपना कैरियर आरंभ करके जमशेदपुर और मुंबई तक सुधा ने आठ वर्ष टेल्को में कार्य किया। वे किसी भी स्तर पर अपने पुरुष साथी से कम नहीं रहीं। टाटा ने एक प्रमाणपत्र में इस बात की घोषणा करते हुए गर्व से कहा कि उन्होंने सभी जगह पुरुषों से बेहतर कार्य किया।

"आप जो भी करें, उसे अपनी पूरी क्षमता से सर्वश्रेष्ठ करें। हर काम में, मेरा लक्ष्य यही रहता है—जब आप अधीनस्थ हों तो अपने पेशे के प्रति ईमानदार व गंभीर रहें और जब आप बॉस हों तो पेशेवर बनें, पर अपने अधीनस्थों का ध्यान रखें।"

"मेरे जीवन के सबसे महत्त्वपूर्ण सबक, जैसे कि अनुशासन एवं वक्त की पाबंदी मैंने टेल्को में ही सीखे।" सुधा बताती हैं।

"आप जो भी करें, उसे अपनी पूरी क्षमता से सर्वश्रेष्ठ करें। हर काम में, मेरा लक्ष्य यही रहता है—जब आप अधीनस्थ हों तो अपने पेशे के प्रति ईमानदार व गंभीर रहें और जब आप बॉस हों तो पेशेवर बनें, पर अपने अधीनस्थों का ध्यान रखें।"

"टेल्को में मेरा बॉस एक जर्मन था, जो वक्त का बहुत पाबंद था और मुझ से भी वैसी ही अपेक्षा रखता था। उससे मैंने समय की कीमत सीखी, डायरी लिखने की आदत डाली और कार्य-विवरण उसमें लिखने लगी।"

सुधा उत्तरी कर्नाटक के हुबली क्षेत्र के एक मध्यम परिवार से आती हैं। उनके पिता आर.एच. कुलकर्णी एक सरकारी डॉक्टर थे। उन्होंने अपने बच्चों को अच्छी पढ़ाई-लिखाई के लिए प्रोत्साहित किया था।

स्कूली शिक्षा पूरी करने के बाद जब सुधा ने हुबली के बी.वी.आर. इंजीनियरिंग कॉलेज में प्रवेश लिया तो शहर के लोग उन्हें अचरज से देखते थे, क्योंकि तब तक हुबली या अड़ोस-पड़ोस के इलाके की किसी भी लड़की ने इंजीनियरिंग कॉलेज में प्रवेश नहीं लिया था। उनकी बहन सुनंदा ने अपने पिता के पदचिह्नों पर चलते हुए चिकित्सा को अपनाया। इसलिए सबको उम्मीद थी कि सुधा भी वही करेंगी।

नाते-रिश्तेदार और पड़ोसियों ने सुधा को बहुत सी 'नसीहतें' दीं।

लेकिन उन्होंने उनकी आपत्तियों को अनदेखा करते हुए पहली महिला शिक्षार्थी के रूप में उस कॉलेज में प्रवेश लिया। उन दिनों इंजीनियरिंग पाठ्यक्रम पाँच वर्ष के होते थे। उन पाँच वर्षों में, उन्होंने एक भी दिन कक्षा से नागा नहीं की, क्योंकि अगर वे कक्षा से अनुपस्थित रहतीं तो उनके सहपाठी उस दिन के पाठ को उन्हें नहीं बताते। लड़के यह समझते थे कि वे उनका हिस्सा हड़पने वहाँ आई थीं।

पत्रकारों से एक साक्षात्कार में सुधा ने उन दिनों की यादें ताजा की हैं।

"शुरू में सब बहुत तकलीफदेह था। कॉलेज में न तो कोई महिला कक्ष था, न महिला शौचालय; क्योंकि कॉलेज में कोई लड़की थी ही नहीं। घर लौटने तक मुझे सब बरदाश्त करना पड़ता था। डेढ़ साल बाद अधिकारियों ने कॉलेज परिसर में एक महिला शौचालय बनवाया।"

"शुरू में सब बहुत तकलीफदेह था। कॉलेज में न तो कोई महिला कक्ष था, न महिला शौचालय; क्योंकि कॉलेज में कोई लड़की थी ही नहीं। घर लौटने तक मुझे सब बरदाश्त करना पड़ता था। डेढ़ साल बाद अधिकारियों ने कॉलेज परिसर में एक महिला शौचालय बनवाया।"

"कक्षा में 250 छात्र थे और मुझे निर्दयतापूर्वक तंग किया जाता था। मैं फकत एक इंजीनियरिंग की डिग्री चाहती थी और वे चाहे जितना खिझाते, मुझे अपने लक्ष्य तक पहुँचने से नहीं रोक सकते थे।"

"अपनी डिग्री पाने के पाँच वर्षों में मैंने एक भी दिन अपनी कक्षा नहीं छोड़ी, क्योंकि मैं जानती थी कि अगर मैं एक भी दिन नागा रही तो उस दिन के नोट्स कोई भी मुझे नहीं बताएगा।"

लेकिन साथी छात्रों के भेदभाव और अन्य मुसीबतों ने उन्हें कठिन

परिश्रम करने और पाँच सालों के सभी दसों सेमेस्टरों में प्रथम आने के लिए प्रोत्साहित किया।

इसके बाद इंडियन इंस्टीट्यूट ऑफ साइंस (IISc) से कंप्यूटर विज्ञान में एम.टेक. करने के लिए सुधा बेंगलुरु आईं। सन् 1974 में वे कक्षा में प्रथम आईं। यह तब की बात है जब उन्होंने टेल्को के विज्ञापन का जवाब दिया था।

> ***सुधा अपने एक साथी प्रसन्ना से पढ़ने के लिए पुस्तकें उधार लिया करती थीं। उन पुस्तकों में से अधिकतर के पहले पृष्ठ पर 'नारायण मूर्ति' लिखा होता था। इससे उन्हें जिज्ञासा हुई और उन्होंने प्रसन्ना से पूछा कि ये 'नारायण मूर्ति' कौन हैं। प्रसन्ना ने गर्वपूर्वक अपने मित्र नारायण मूर्ति के बारे में बताया।***

नारायण मूर्ति से सुधा की मुलाकात टेल्को, पुणे में हुई। इसकी एक रोचक कहानी है।

सुधा अपने एक साथी प्रसन्ना से पढ़ने के लिए पुस्तकें उधार लिया करती थीं। उन पुस्तकों में से अधिकतर के पहले पृष्ठ पर 'नारायण मूर्ति' लिखा होता था। इससे उन्हें जिज्ञासा हुई और उन्होंने प्रसन्ना से पूछा कि ये 'नारायण मूर्ति' कौन हैं। प्रसन्ना ने गर्वपूर्वक अपने मित्र नारायण मूर्ति के बारे में बताया। उन्हें पता चला कि मूर्ति पेरिस से लौटे थे और वे एस.आर.आई. में शोध से भी जुड़े रहे थे। उन्हें अध्ययन की उनकी अनवरत रुचि का भी पता चला।

सुधा को यह भी ज्ञात हुआ कि नारायण मूर्ति भी उनकी तरह कर्नाटक के ही थे। जल्दी ही वे भावनात्मक रूप से मूर्ति से जुड़ गईं और उन्हें पसंद करने लगीं, जिन्हें उन्होंने अभी देखा तक नहीं था।

सुधा के मन में विदेश से लौटे उस विशेषज्ञ की एक खास छवि बन गई। लेकिन जब दोस्तों के बीच दोनों की मुलाकात हुई तो वे उनकी

छवि के बिल्कुल विपरीत निकले; वे सादा कपड़े और मोटा चश्मा पहने उनसे मिले।

सुधा ने याद करते हुए बताया, ''उम्मीद से उलट मूर्ति संकोची और अंतर्मुखी थे। लेकिन जब उन्होंने हमें रात्रिभोज के लिए आमंत्रित किया तो मुझे थोड़ा आश्चर्य हुआ; मुझे लगा कि वह युवक चाल कुछ ज्यादा तेज चल रहा है। मैंने मना कर दिया, क्योंकि समूह में मैं अकेली महिला थी। लेकिन मूर्ति ने खूब जोर दिया, तब हम सबने अगले दिन रात्रिभोज पर मिलने का निश्चय किया।''

मूर्ति ज्यादा अमीर नहीं थे; लेकिन योजनाएँ बनाने, सपने बुनने और अपने काम में सचमुच माहिर थे। वे बेहद आत्मविश्वासी थे और भविष्य के प्रति उनका नजरिया बड़ा स्पष्ट था। इनसे सुधा उनकी ओर आकृष्ट हुईं। वे अकसर मिलने लगे और जल्दी ही अच्छे दोस्त बन गए।

मूर्ति ज्यादा अमीर नहीं थे; लेकिन योजनाएँ बनाने, सपने बुनने और अपने काम में सचमुच माहिर थे। वे बेहद आत्मविश्वासी थे और भविष्य के प्रति उनका नजरिया बड़ा स्पष्ट था। इनसे सुधा उनकी ओर आकृष्ट हुईं। वे अकसर मिलने लगे और जल्दी ही अच्छे दोस्त बन गए।

सुधा ने बताया, ''हमारी बातचीत मूर्ति के विदेशी अनुभव और उन्होंने जो किताबें पढ़ीं थीं, उनके बारे में होती थीं। मेरे मित्र मुझे सावधान करते थे कि मूर्ति मुझे प्रभावित करने की कोशिश कर रहे हैं, क्योंकि उनकी मुझमें दिलचस्पी थी। लेकिन मैं इससे इनकार करती रही। आखिर एक दिन रात्रि-भोजन के बाद मूर्ति बोले, 'मैं तुमसे कुछ कहना चाहता हूँ।' मैं सब जानती थी, वे क्या कहने वाले थे।''

मूर्ति को प्रेम कैसे हुआ, इसे याद करते हुए उन्होंने बताया, ''चीजों को सकारात्मक रूप से देखना, हर स्थिति में खुश रहना और गरीबों से

भी अपने आपको जोड़ लेने के उनके गुण—ऐसी विशेषताएँ हैं जिनकी मैं बहुत तारीफ करता हूँ। जब आप उनके जैसे किसी मधुर व्यक्ति से मिलते हैं तो सहज ही उनसे प्रेम करने लगते हैं। यही सब मेरे साथ भी हुआ।''

''मैं एक बहुत साधारण परिवार से आता हूँ; पिता भी नहीं रहे। मुझे बहनों की शादी करनी है। मैं कभी ज्यादा कमा भी नहीं पाऊँगा, न मैं कभी बहुत अच्छा जीवन-यापन कर सकूँगा। मैं तुम्हें धन-दौलत भी कभी नहीं दे सकूँगा। तुम एक समृद्ध परिवार से आती हो; तुम्हारी नौकरी भी अच्छी है। तुम सुंदर, चतुर और बुद्धिमान हो; जिसे पसंद करोगी सहजता से पा लोगी। लेकिन क्या तुम मुझसे शादी करोगी?''

जब मूर्ति ने सुधा के प्रति अपना प्रेम प्रकट किया, बिना लच्छेदार भाषा का प्रयोग किए उन्होंने स्पष्ट शब्दों में बात की; झूठी उम्मीदों का सहारा बिल्कुल नहीं लिया।

''मैं एक बहुत साधारण परिवार से आता हूँ; पिता भी नहीं रहे। मुझे बहनों की शादी करनी है। मैं कभी ज्यादा कमा भी नहीं पाऊँगा, न मैं कभी बहुत अच्छा जीवन-यापन कर सकूँगा। मैं तुम्हें धन-दौलत भी कभी नहीं दे सकूँगा। तुम एक समृद्ध परिवार से आती हो; तुम्हारी नौकरी भी अच्छी है। तुम सुंदर, चतुर और बुद्धिमान हो; जिसे पसंद करोगी सहजता से पा लोगी। लेकिन क्या तुम मुझसे शादी करोगी?''

सुधा ने सोचने-विचारने के लिए कुछ वक्त की मोहलत माँगी। यह सही था कि वे एक समृद्ध परिवार से आती थीं। उनकी कमाई भी मूर्ति से अधिक थी। जब वे साथ-साथ बाहर जाते थे तो अकसर बिल-भुगतान वे ही करती थीं। हालाँकि ऐसी उनमें बहुत सी असमानताएँ थीं, पर उनकी निष्कपट बात उन्हें पसंद आई। लेकिन वे फौरन ही फैसला

नहीं कर पाईं कि उनसे शादी करें अथवा नहीं।

''उन दिनों मूर्ति हमेशा खाली जेब रहते थे। हमेशा मेरे कर्जदार रहते थे। हम डिनर पर जाया करते थे और वे कहते थे, 'मेरे पास पैसे नहीं हैं। मेरे पैसे तुम दे दो, मैं तुम्हें बाद में लौटा दूँगा।' मैंने तीन साल की मूर्ति की उधारी अपने पास नोट कर रखी थी। लेकिन उन्होंने उधारी कभी नहीं चुकाई और अंत में शादी के बाद मैंने वह नोटबुक टुकड़े-टुकड़े कर दी। उधारी 4,000 रुपए से कुछ अधिक थी।''

जब सुधा घर गईं तो उन्होंने अपने माता-पिता से इस बारे में चर्चा की। अपनी बेटी के मुँह से मूर्ति के बारे में सुनकर उनकी माँ विमला ने तो उन्हें पसंद कर लिया, लेकिन उनके पिता फिर भी राजी नहीं थे।

तब यह फैसला हुआ कि सुधा के पिता पुणे में मूर्ति से मिलेंगे। लेकिन यह मुलाकात ही बड़े अशुभ तरीके से हुई।

सुधा ने बताया, ''मेरे माता-पिता ने सुबह ठीक 10:00 बजे मूर्ति से मिलने का समय तय किया। लेकिन वे नहीं आए। मेरे पिता ने मुझसे कहा, 'मैं उस आदमी पर कैसे भरोसा कर सकता हूँ कि वह ठीक से मेरी बेटी की देखरेख कर सकता है, जो मुलाकात के निश्चित वक्त का मान नहीं रख सकता।' मूर्ति दो घंटे बाद चमकीली लाल शर्ट पहने पहुँचे।''

मूर्ति मुंबई गए हुए थे और भारी यातायात में फँस गए। इसलिए

''मेरे माता-पिता ने सुबह ठीक 10:00 बजे मूर्ति से मिलने का समय तय किया। लेकिन वे नहीं आए। मेरे पिता ने मुझसे कहा, 'मैं उस आदमी पर कैसे भरोसा कर सकता हूँ कि वह ठीक से मेरी बेटी की देखरेख कर सकता है, जो मुलाकात के निश्चित वक्त का मान नहीं रख सकता।' मूर्ति दो घंटे बाद चमकीली लाल शर्ट पहने पहुँचे।''

पुणे आकर अपने भावी श्वसुर से मिलने के लिए उन्होंने किराए पर एक टैक्सी ली, हालाँकि उनके लिए यह बहुत महँगा सौदा था।

लेकिन कुलकर्णी अभी भी अप्रभावित और उखड़े हुए थे। शायद उन्हें लगता था कि यह शुरुआत ही बेहद खराब तरीके से हुई थी। फिर धीरे-धीरे वे शांत हुए और मूर्ति से पूछा, ''जीवन में तुम क्या करना चाहते हो?''

लेकिन कुलकर्णी अभी भी अप्रभावित और उखड़े हुए थे। शायद उन्हें लगता था कि यह शुरुआत ही बेहद खराब तरीके से हुई थी। फिर धीरे-धीरे वे शांत हुए और मूर्ति से पूछा, ''जीवन में तुम क्या करना चाहते हो?''

मूर्ति, जो हाल ही में पेरिस से लौटे थे, उनका दिमाग अभी भी वामपंथी विचारधारा और धारणाओं से ओतप्रोत था, कुलकर्णी से बोले कि वे वामपंथी दल के सदस्य बनना चाहते हैं और अन्य चीजों के साथ-साथ एक अनाथालय भी स्थापित करना चाहते हैं।

यह सुनना था कि कुलकर्णी फिर भड़क गए। उन्हें लगा कि मूर्ति इस बात से अनजान हैं कि जीवन में आगे कैसे बढ़ा जाता है। वे किसी ऐसे आदमी से अपनी बेटी का विवाह नहीं करना चाहते थे, जो वामपंथी बनना चाहता हो और फिर एक अनाथालय खोलना चाहता हो; वह भी तब जब वह स्वयं अपने परिवार का ठीक से पालन-पोषण नहीं कर पाता हो।

सुधा बड़ी दुविधा में थीं। वे मानती थीं कि अगर वे मूर्ति को पसंद करती थीं तो केवल प्रेम की वजह से। मूर्ति की बेबाक बातों और उनके आत्मविश्वास की वजह से ही वे उन्हें प्रेम करने लगी थीं।

''मूर्ति एक ईमानदार आदमी थे, इसलिए मैं उनसे शादी करना चाहती थी। उन्होंने अपने जीवन की सब कमियों को बताते हुए मेरे

सामने शादी का प्रस्ताव रखा था।''

फिर भी वे अपने पिता की मरजी के विरुद्ध जाकर उनसे शादी नहीं करना चाहती थीं और उन्होंने पिता से वादा किया कि वे उनकी इच्छा के विरुद्ध नहीं जाएँगी।

लेकिन साथ ही सुधा ने यह फैसला भी किया कि अगर उनके माता-पिता मूर्ति को पसंद नहीं करेंगे तो वे किसी और से शादी भी नहीं करेंगी। उनके इस निर्णय से उनके माता-पिता थोड़े पिघले।

कुलकर्णी बोले, ''पहले नारायण मूर्ति को एक स्थायी और अच्छी नौकरी मिलने दो। शादी के बारे में हम उसके बाद सोचेंगे।''

लेकिन मूर्ति ने इन बातों को यह कहते हुए उड़ा दिया कि वे किसी के दबाव में आकर जीवन को उसके अनुरूप ही नहीं मोड़ लेंगे।

इस प्रकार, सुधा की जिंदगी 'दो विशिष्ट लोगों' के बीच फँस गई। उन्होंने बताया, ''यह गत्यवरोध तीन साल तक बना रहा; इस दौरान प्रेम-बंधन में बँधे हम पुणे के हर रेस्टोरेंट और सिनेमाघर में जाते रहे।''

इस प्रकार, सुधा की जिंदगी 'दो विशिष्ट लोगों' के बीच फँस गई। उन्होंने बताया, ''यह गत्यवरोध तीन साल तक बना रहा; इस दौरान प्रेम-बंधन में बँधे हम पुणे के हर रेस्टोरेंट और सिनेमाघर में जाते रहे।''

अगस्त 1977 में मूर्ति पाटनी कंप्यूटर्स से जुड़े। अब कुलकर्णी मूर्ति की इज्जत करने लगे। इस प्रकार, धैर्य रखे इस युवा जोड़े को किनारा मिल गया। उनका विवाह आयोजित किया गया।

10 फरवरी, 1978 को बेंगलुरु में मूर्ति के घर पर एक सादे समारोह के बीच सुधा और नारायण मूर्ति का विवाह संपन्न हुआ। दोनों परिवारों के केवल रिश्तेदार ही विवाह में शामिल हुए। कार्यक्रम में अन्य किसी को आमंत्रित नहीं किया गया था। इस विवाह पर सिर्फ 800 रुपए खर्च

हुए थे। इसे भी सुधा और मूर्ति ने बराबर-बराबर उठाया था।

जल्दी ही पाटनी की तरफ से प्रशिक्षण के लिए मूर्ति संयुक्त राज्य अमेरिका चले गए; सुधा भी उनके साथ गईं। उस समय पाटनी अमेरिकी कंपनियों के लिए ठेका-आधार पर कार्य किया करती थी।

अमेरिका से लौटकर मूर्ति ने मुंबई में घर बसाया। उनका फ्लैट बांद्रा की एक बहुमंजिली इमारत में था।

पाटनी में मूर्ति का कद बढ़ गया था। सॉफ्टवेयर विभाग के प्रमुख की हैसियत से उन्होंने बहुत से प्रतिभाशाली युवा लोगों को नौकरी दी और कंपनी में नई जान फूँक दी। उन युवा लोगों में एक नंदन नीलकेनी थे। वे मुंबई आई.आई.टी. से आए थे और मूर्ति के चहेते थे।

मूर्ति पाटनी में नरीमन पॉइंट जाते थे और सुधा टेल्को में, जो फोर्ट इलाके में था।

पाटनी में मूर्ति का कद बढ़ गया था। सॉफ्टवेयर विभाग के प्रमुख की हैसियत से उन्होंने बहुत से प्रतिभाशाली युवा लोगों को नौकरी दी और कंपनी में नई जान फूँक दी। उन युवा लोगों में एक नंदन नीलकेनी थे। वे मुंबई आई.आई.टी. से आए थे और मूर्ति के चहेते थे। वे यह देखकर खुश थे कि उनकी सोच भी उन्हीं के जैसी थी, इसलिए मूर्ति जल्दी ही उनके घनिष्ठ मित्र बन गए।

दोनों ने मिलकर कंपनी में कुछ और नए दोस्त बनाए। इन सभी लोगों को जोड़नेवाली मुख्य बात यह थी कि वे सभी अपने काम से खुश नहीं थे। हालाँकि उनकी नौकरी अच्छी थी और पगार भी बढ़िया थी; लेकिन काम इतना चुनौतीपूर्ण नहीं था कि जो उनकी सृजनात्मक भूख को शांत कर पाता। उन्हें लगता था कि वे उससे अधिक कर सकते थे। उनमें कुछ अलग करने की ललक थी।

इस प्रकार, उन दोस्तों ने मिलकर एक नई कंपनी खड़ी करने का

निर्णय किया, जो भारत में विश्व स्तरीय सॉफ्टवेयर सेवाएँ प्रदान करती हो। वे एक संगठन स्थापित करना चाहते थे, जो उन्हें सभी तरह के सुअवसर प्रदान कर सकता हो।

मूर्ति का मानना था कि कंप्यूटर हार्डवेयर के व्यवसाय में भारत का एक बड़ी ताकत के रूप में उभरना बहुत मुश्किल होगा, इसलिए उसे सॉफ्टवेयर के क्षेत्र में हाथ आजमाने चाहिए।

उन दिनों भारत में कंप्यूटर आयात करना बहुत मुश्किल था। लेकिन मूर्ति और उनकी टीम को भरोसा था कि वे विदेशों के लिए भारत से सॉफ्टवेयर बनाकर और यहाँ से कंप्यूटर सेवाएँ देकर इस काम को कर लेंगे। इससे उन्हें पर्याप्त आय भी हो सकेगी।

उन दिनों भारत में कंप्यूटर आयात करना बहुत मुश्किल था। लेकिन मूर्ति और उनकी टीम को भरोसा था कि वे विदेशों के लिए भारत से सॉफ्टवेयर बनाकर और यहाँ से कंप्यूटर सेवाएँ देकर इस काम को कर लेंगे। इससे उन्हें पर्याप्त आय भी हो सकेगी।

लेकिन धन की कमी के कारण उनका वह सपना अधूरा ही रहा। टीम का हर सदस्य यह नहीं समझ पा रहा था कि आगे क्या करना चाहिए।

एक दिन काम से घर लौटकर मूर्ति ने सुधा से कहा, ''मैं यह नौकरी छोड़कर एक नई सॉफ्टवेयर कंपनी खोलना चाहता हूँ।''

सुधा सन्न रह गईं। ''उन्होंने पहले भी एक कंपनी शुरू की थी और ढेर सारा पैसा लुटा दिया था और अब वे फिर दूसरी खोलना चाहते हैं! यह क्या चल रहा है?''

हालाँकि उन्होंने क्षोभ प्रकट किया, लेकिन मूर्ति अटल थे। उन्होंने दलील दी कि सॉफ्टवेयर के क्षेत्र में काम करके भारत अपना भविष्य

सँवार सकता है और यदि देश की गरीबी हटानी है तो वह केवल धन कमाकर ही हटाई जा सकेगी।

"यही सही कदम है। हमें या किसी अन्य को किसी भी तरह इस सुअवसर का लाभ उठाना होगा।" वे बोले।

लेकिन मूर्ति अपने फैसले को लेकर स्पष्ट थे। अपनी टीम पर उन्हें पूरा भरोसा था। उन्हें पक्का यकीन था कि अगर वे सातों जी-जान से काम करेंगे तो एक उत्कृष्ट कंपनी खड़ी कर लेंगे।

सुधा असमंजस में थीं। उन्हें पति को सहारा देना चाहिए, जिन्हें अपने फैसले पर पक्का यकीन था या उन्हें सच्चाई बताकर थोड़े दिन और उसी नौकरी को करते रहने के लिए कहना चाहिए?

सुधा उनके शब्दों में तर्क ढूँढ़ सकती थीं। तब भी, जब अच्छी नौकरी और अच्छी तनख्वाह के साथ जिंदगी शांतिपूर्वक कट रही हो, क्या एक नई कंपनी खड़ी करने का प्रयोग जरूरी था? वे चिंता में थीं।

उस समय मूर्ति की पारिवारिक स्थिति उतनी अच्छी नहीं थी। उन्हें अभी कुँवारी बहनों की शादी करनी थी। सुधा माँ बनने वाली थीं। जल्दबाजी में उठाया गया कोई भी कदम परिवार में सबके लिए मुसीबत खड़ी कर सकता था।

लेकिन मूर्ति अपने फैसले को लेकर स्पष्ट थे। अपनी टीम पर उन्हें पूरा भरोसा था। उन्हें पक्का यकीन था कि अगर वे सातों जी-जान से काम करेंगे तो एक उत्कृष्ट कंपनी खड़ी कर लेंगे।

सुधा असमंजस में थीं। उन्हें पति को सहारा देना चाहिए, जिन्हें अपने फैसले पर पक्का यकीन था या उन्हें सच्चाई बताकर थोड़े दिन और उसी नौकरी को करते रहने के लिए कहना चाहिए?

फौरन ही वे किसी नतीजे पर नहीं पहुँच सकीं। उन्होंने पति से

और जानकारी ली। “आप क्या अकेले इस कंपनी को शुरू कर रहे हैं? या कुछ भागीदार भी हैं?”

“मेरे छह दोस्त और मैं इस उद्यम की शुरुआत कर रहे हैं।”, मूर्ति बोले, “हममें से हरेक ने दस हजार रुपए निवेश करने का निर्णय किया है।”

सुधा ने अब अगला अहम सवाल दागा, “पैसों के इंतजाम के लिए आप क्या करने जा रहे हैं?”

“यहीं मुझे तुम्हारी मदद चाहिए।” मूर्ति बोले, “क्या मेरा सपना साकार करने के लिए तुम मुझे पैसे उधार दोगी?”

❑

स्वप्न हकीकत

रोज काम पर जाना और महीने में एक बँधी-बँधाई तनख्वाह पाने से जीवन में एक सुरक्षा की भावना रहती है। ऐसी जीवन-शैली से हमारी दैनंदिन की जरूरतें पूरी होती रहती हैं। जो और ऊँचे पदों पर होते हैं, वे नियमित वेतन-वृद्धि या बोनस भुगतान के चलते और मौज-मस्ती में जीवन-यापन करते हैं।

इसलिए जो लोग बँधे-बँधाए मासिक वेतन पर आश्रित होते हैं, खासकर मध्यम वर्गीय परिवार से संबद्ध लोग, मुश्किल से ही स्वनियोजन के खेल में कूदते हैं। अपनी निश्चित जीवन-शैली से वे रत्ती भर भी हिलना नहीं चाहेंगे।

काम-धंधा शुरू करने में हमेशा ही अनिश्चितता रहती है। आरंभ में कोई भी नया व्यवसाय नफे-नुकसान के बीच झूलता रहता है कि पता नहीं आगे क्या होगा। चीजें सामान्य होने तक व्यवसाय से जुड़े लोगों और उनके परिवारों को त्याग के लिए तैयार रहना पड़ता है।

जब नारायण मूर्ति ने बताया कि वे एक व्यवसाय शुरू करने जा रहे हैं, सुधा के दिमाग में ये बातें मँडराने लगीं। उन्हें अपने पति की प्रतिभा पर पूरा भरोसा था। फिर भी वे सोच में थीं कि इस समय क्या यह प्रयोग जरूरी है।

फिर भी, सुधा यह भी समझती थीं कि बिना उनके सहयोग और समर्थन के मूर्ति अपने सपने को साकार नहीं कर पाएँगे। वास्तव में,

मूर्ति को सुधा का सिर्फ सहयोग ही नहीं चाहिए था बल्कि उनका पैसा भी चाहिए था।

शादी से पहले जब मूर्ति और सुधा का प्रेम चल रहा था, उन यादों को ताजा करते हुए सुधा बताती हैं, ''शायद उनकी कमाई ज्यादा नहीं थी, इसलिए उन्होंने इस बात की तरफ अधिक ध्यान नहीं दिया कि वे उसे कैसे खर्च करें।'' इसका अर्थ हुआ कि तब मूर्ति की ज्यादा बचत नहीं थी।

तो उनके पास 10,000 रुपए कहाँ से आते?

उस पल सुधा को अपनी माँ के शब्द याद आए।

सुधा के विवाह के समय विमला ने अपनी बेटी से कहा था, ''तुम्हारी अभी-अभी शादी हुई है। तुम दोनों की कमाई अच्छी है, इसलिए तुम खूब फिजूलखर्ची करोगे। लेकिन अगर तुम अपनी कमाई में से थोड़ी भी बचत नहीं करोगे तो आगे तुम्हें मुश्किलें आएँगी। वैसी स्थिति में मुसीबतों से बचने के लिए कम-से-कम तुम्हें तो कुछ बचत करनी ही चाहिए।''

तुम्हारी अभी-अभी शादी हुई है। तुम दोनों की कमाई अच्छी है, इसलिए तुम खूब फिजूलखर्ची करोगे। लेकिन अगर तुम अपनी कमाई में से थोड़ी भी बचत नहीं करोगे तो आगे तुम्हें मुश्किलें आएँगी। वैसी स्थिति में मुसीबतों से बचने के लिए कम-से-कम तुम्हें तो कुछ बचत करनी ही चाहिए।

सुधा की माँ ने उन्हें सलाह दी थी कि घर खर्च के बाद भले ही थोड़ी-सी बचत करें, पर करें जरूर; और उसे चुपचाप एक डिब्बे में डालती रहें। बाद में जब कभी समस्या आ खड़ी हो तो वह बचत काम आ सकती है।

तब माँ की बात पर उन्हें बड़ी हँसी आई थी। उन्हें पक्का यकीन

था कि उन्हें कभी ऐसी कठिन स्थिति का सामना नहीं करना पड़ेगा। फिर भी, माँ के शब्दों का सम्मान करते हुए कि ऐसी बातों का उन्हें ज्यादा अनुभव था, उन्होंने रसोईघर की एक अलमारी में थोड़े पैसे बचाकर रखने शुरू कर दिए थे। उन्होंने कभी गिने भी नहीं थे कि मासिक खर्च के बाद उन्होंने कितना बचाकर रखा था। उसके बारे में वे कभी नहीं सोचती थीं।

अब जब नया व्यवसाय शुरू करने के लिए मूर्ति ने उनकी सहायता माँगी तो एकाएक उन्हें अलमारी में रखी अपनी बचत की याद आ गई। हालाँकि मूर्ति को यह अंदाजा नहीं था कि सुधा इस तरह कुछ पैसा बचाती आ रही थीं। लेकिन उनका अनुमान था कि उन्होंने कुछ बचत जरूर की होगी, क्योंकि पैसों के मामले में वे उनसे ज्यादा सतर्क थीं। या वे उनके आभूषण गिरवी रखने या बेचने की सोच रहे थे। उन्हें किसी भी तरह उनकी मदद चाहिए थी, ताकि वे अपना सपना साकार कर सकें।

अब जब नया व्यवसाय शुरू करने के लिए मूर्ति ने उनकी सहायता माँगी तो एकाएक उन्हें अलमारी में रखी अपनी बचत की याद आ गई। हालाँकि मूर्ति को यह अंदाजा नहीं था कि सुधा इस तरह कुछ पैसा बचाती आ रही थीं।

बहुत उम्मीदों से सुधा ने अलमारी खोली। जब उन्होंने पैसे गिने—पैसे उतने ही थे जितने मूर्ति को चाहिए थे।

अब सुधा ने एक निश्चय किया। क्या उनकी एकमात्र बचत को इस तरह मूर्ति को उनके नए व्यवसाय के लिए सौंप देना बुद्धिमानी है? उन्हें फिर से अपनी माँ के बहुत पहले कहे शब्द याद आए, "जब जरूरत पड़े तब उस बचत का इस्तेमाल करो।"

सुधा को लगा कि जरूरत का पल सामने है। उन्होंने भगवान् को याद किया और पैसे पति को सौंप दिए।

"आपको नया काम मुबारक हो, नारायण मूर्ति!"

"मूर्ति के व्यवसाय में कूदने को लेकर मैं बहुत आशंकित थी। हमारी कोई व्यावसायिक पृष्ठभूमि भी नहीं थी। यही नहीं, हम नियमित तनख्वाह पाते थे और मुंबई में आरामदायक जिंदगी बिता रहे थे और इसलिए इसे मैं बदतर नहीं बनाना चाहती थी। लेकिन मूर्ति पर अच्छे सॉफ्टवेयर बनाने का जुनून सवार था। तब मैंने उनका सहयोग करने का निश्चय किया।" सुधा ने याद करके बताया।

मूर्ति के व्यवसाय में कूदने को लेकर मैं बहुत आशंकित थी। हमारी कोई व्यावसायिक पृष्ठभूमि भी नहीं थी। यही नहीं, हम नियमित तनख्वाह पाते थे और मुंबई में आरामदायक जिंदगी बिता रहे थे और इसलिए इसे मैं बदतर नहीं बनाना चाहती थी। लेकिन मूर्ति पर अच्छे सॉफ्टवेयर बनाने का जुनून सवार था। तब मैंने उनका सहयोग करने का निश्चय किया।

"मूर्ति बड़े अनोखे इनसान हैं। उनके पास बस एक सपना था, पैसा नहीं था। इसलिए मैंने उन्हें वे 10,000 रुपए दे दिए, जो मुसीबत के लिए बचाकर रखे थे।" सुधा ने बताया।

शायद मूर्ति को पहले ही यह अंदाजा था कि उनकी जरूरत का पैसा सुधा के पास जरूर होगा; उन्होंने पैसा ले लिया और सुधा का पूरे मन से आभार प्रकट किया।

लेकिन इनके अलावा कुछ दूसरे मुद्दों पर भी चर्चा बाकी थी। व्यवसाय शुरू करते ही वे लाभ की उम्मीद नहीं कर सकते थे। जब तक व्यवसाय अपनी आरंभिक कठिनाइयों से पार नहीं पा लेता, मूर्ति लाभ में से हिस्सा या वेतन लेने की उम्मीद भी नहीं कर सकते थे। मूर्ति के पाटनी से नौकरी छोड़ने के बाद वे घर-खर्च कैसे चला पाएँगे?

"दो के स्थान पर एक तनख्वाह से घर-खर्च चलना सचमुच बहुत

कठिन होगा। लेकिन अगर मूर्ति को सफल देखना है तो उन्हें जरूर त्याग करना होगा।''

मूर्ति को 10,000 रुपए देते हुए सुधा उनसे बोलीं, ''मेरे पास बस इतना ही है। ये लीजिए। मैं आपको तीन साल का विश्राम-अवकाश देती हूँ। इस दौरान घर की आर्थिक जरूरतों का ध्यान मैं रखूँगी।''

अब अगले तीन वर्ष तक घर की दैनंदिन जरूरतों की चिंता छोड़कर मूर्ति को अपने नए व्यवसाय पर ध्यान केंद्रित करना चाहिए। तीन साल तक उनसे या उनकी कंपनी से बिना किसी आर्थिक सहायता की उम्मीद के अपने वेतन से घर-खर्च चलाना सुधा की जिम्मेदारी थी।

मूर्ति को 10,000 रुपए देते हुए सुधा उनसे बोलीं, ''मेरे पास बस इतना ही है। ये लीजिए। मैं आपको तीन साल का विश्राम-अवकाश देती हूँ। इस दौरान घर की आर्थिक जरूरतों का ध्यान मैं रखूँगी।''

इन तीन वर्षों के दौरान कंपनी को लाभ भी हो सकता था और पूरी तरह हानि भी कि कंपनी बंद करने की नौबत आ पड़े।

''आप निश्चिंत होकर अपना सपना साकार करने मे जुट जाएँ। लेकिन आपके पास सिर्फ तीन साल हैं।'' सुधा ने मूर्ति से कहा।

जैसे सुधा ने 10,000 रुपए लगाए थे, ठीक वैसे ही मूर्ति का तीन साल का कार्य व्यवसाय में उनका निवेश कहलाएगा।

सुधा बोलीं कि लाभ-हानि की चिंता किए बगैर इन तीन सालों के दौरान वे पूरे मन से उनके पीछे खड़ी रहेंगी।

मूर्ति ने उनके परिपक्व निर्णय की प्रशंसा की, जिसने उनका सपना साकार करने के लिए उन्हें पर्याप्त समय दिया था और यदि वह अव्यावहारिक रहता तो वे उससे निकल भी सकते थे।

अंत में जब नई कंपनी के लिए आवश्यक पूँजी जुटा ली गई तो

सातों मित्रों ने एक साथ पाटनी से नौकरी छोड़ने का फैसला कर लिया।

नए उद्यमी ये थे—

1. एन.आर. नारायण मूर्ति
2. नंदन नीलकेनी
3. के. दिनेश
4. एस. गोपालकृष्णन
5. एन.एस. राघवन
6. एस.डी. शिबुलाल
7. अशोक अरोड़ा।

इनमें राघवन उम्र में सबसे बड़े थे। वे एवं मूर्ति तीस से ऊपर के थे और बाकी लगभग बीस के। हर उद्यमी अपने फन में माहिर था, इसलिए सभी भागीदार अपनी टीम को लेकर निश्‍चिंत थे। हालाँकि सन् 1980 के अंत में उन सभी ने नौकरी से इस्तीफा दे दिया था; लेकिन वे पाटनी को एकदम से नहीं छोड़ सकते थे, क्योंकि अपनी नई कंपनी से जुड़ने से पहले उन्हें हाथ में लिये काम को भली-भाँति पूरा करना था।

सन् 1980 के अंत में उन सभी ने नौकरी से इस्तीफा दे दिया था; लेकिन वे पाटनी को एकदम से नहीं छोड़ सकते थे, क्योंकि अपनी नई कंपनी से जुड़ने से पहले उन्हें हाथ में लिये काम को भली-भाँति पूरा करना था।

मूर्ति की टीम के इस्तीफे के साथ कुछ रोचक किस्से और दोषारोप भी जुड़े हुए थे।

एक बयान के अनुसार, कंपनी के प्रबंधन ने मूर्ति से कुछ गैर-कानूनी काम करने के लिए कहा था, जिसे करने से मूर्ति ने मना कर दिया। इससे उनके बीच कुछ असहमति हो गई और इसलिए मूर्ति ने अपने मित्रों के साथ कंपनी छोड़ दी।

सन् 2002 में, घटना के इक्कीस वर्ष बाद, पाटनी के एक संस्थापक नरेन पाटनी ने पत्रकारों से साक्षात्कार में आरोप लगाया कि मूर्ति और अन्य लोग पाटनी में अपने पदों का इस्तेमाल करके कंपनी के ग्राहकों को अपनी नई कंपनी से जुड़ने का प्रलोभन देते थे।

नरेन पाटनी, जिन्होंने आम तौर पर कभी किसी पत्रिका को साक्षात्कार नहीं दिया, इतने सालों बाद अपनी चुप्पी तोड़ी और मूर्ति को आरोपी ठहराया।

> ***सन् 2002 में, घटना के इक्कीस वर्ष बाद, पाटनी के एक संस्थापक नरेन पाटनी ने पत्रकारों से साक्षात्कार में आरोप लगाया कि मूर्ति और अन्य लोग पाटनी में अपने पदों का इस्तेमाल करके कंपनी के ग्राहकों को अपनी नई कंपनी से जुड़ने का प्रलोभन देते थे।***

मूर्ति कहा करते हैं, "हमें अपना काम करना होगा और ईमानदारी से धन कमाना होगा, जो समाज द्वारा स्वीकार्य हो और संस्कृति द्वारा ग्राह्य।"

लेकिन नरेन पाटनी के आरोप इन सब पर प्रश्न-चिह्न लगा देते हैं।

मूर्ति ने इस आरोपों पर अपनी सामान्य संतुलित प्रतिक्रिया व्यक्त की। उन्होंने सप्रमाण बताया कि उन्होंने और उनके मित्रों ने पाटनी के ग्राहकों को प्रलोभन नहीं दिया।

मूर्ति ने बताया कि उन्होंने और उनके मित्रों ने अपना काम खत्म करके ही पाटनी छोड़ी। पाटनी का कोई भी ग्राहक उनकी नई कंपनी की ओर आकृष्ट नहीं हुआ।

मूर्ति के स्पष्टीकरण के बाद विवाद समाप्त हो गए।

उसी साक्षात्कार में नरेन पाटनी ने मूर्ति के नए उद्यम का स्वागत करते हुए उसमें निवेश की इच्छा जाहिर की थी।

लेकिन जुलाई 1981 में जब नया व्यवसाय आरंभ हुआ था, तब

इसमें बाहरी निवेश बिल्कुल नहीं था। सात दोस्तों ने अपना नया उद्यम आरंभ किया। अपने ज्ञान और अनुभव पर भरोसा ही उनके उपकरण थे। नई कंपनियाँ लगाने के लिए जोखिम पूँजी या ऋण कोई नहीं देता।

ऐसी किसी कंपनी को खड़ा करने के लिए भारी निवेश की आवश्यकता पड़ती है, जिसका उद्देश्य विश्व-स्तर पर सुस्थापित कंपनियों से प्रतियोगिता करने का हो।

मूर्ति और उनके मित्रों ने जो पैसा एकत्रित किया था, उसकी जब आधुनिक कंप्यूटरों के आयात और भाड़े पर विशेषज्ञों की सेवाएँ लेने के लिए आवश्यक निवेश के साथ तुलना की गई तो वह अपर्याप्त निकला। वे समझ गए कि अगर उन्हें विश्व स्तर को बनाए रखना है तो अधिक निवेश की आवश्यकता पड़ेगी।

मूर्ति और उनके मित्रों ने जो पैसा एकत्रित किया था, उसकी जब आधुनिक कंप्यूटरों के आयात और भाड़े पर विशेषज्ञों की सेवाएँ लेने के लिए आवश्यक निवेश के साथ तुलना की गई तो वह अपर्याप्त निकला। वे समझ गए कि अगर उन्हें विश्व स्तर को बनाए रखना है तो अधिक निवेश की आवश्यकता पड़ेगी।

मूर्ति जितने भी बैंकों में गए, उन्होंने उनके प्रस्ताव को समझे बिना ही अस्वीकार कर दिया। सॉफ्टवेयर उद्योग में अगर मोटा निवेश किया जाए तो बदले में वह भारी लाभ दे सकता है। लेकिन उस समय कोई भी यह मानने को तैयार नहीं था और कोई भी इस पर भरोसा नहीं करना चाहता था।

एक हवाई यात्रा के दौरान संयोग से मूर्ति की भेंट के.एस.एन. नारायण मूर्ति से हुई, जो कर्नाटक राज्य औद्योगिक निवेश एवं विकास निगम के अध्यक्ष थे। मूर्ति ने विस्तार से अपने उद्यम के बारे में उनसे बात की।

प्रस्ताव की विस्तार से जाँच–परख के बाद कर्नाटक राज्य औद्योगिक निवेश एवं विकास निगम उनकी सहायता को सहमत हो गया। फिर भी, मूर्ति और उनके मित्र खुशियाँ नहीं मना सके, क्योंकि कई अन्य मुसीबतें मुँह फाड़े खड़ी थीं।

उनके संबंधी और मित्रों तक ने नई कंपनी खड़ी करने की उनकी योजना का स्वागत नहीं किया। उन्हें ताने सुनने पड़े, "तुम्हारी हैसियत है नई कंपनी शुरू करने की? यह अनावश्यक प्रयोग क्यों गले लगाते हो?" उन्होंने कई लोगों के नाम गिनाए, जो नई कंपनियों के चक्कर में असफल हुए थे, फिर मूर्ति और उनकी टीम से बोले, "अपनी पुरानी नौकरी ही करते रहें।"

प्रस्ताव की विस्तार से जाँच–परख के बाद कर्नाटक राज्य औद्योगिक निवेश एवं विकास निगम उनकी सहायता को सहमत हो गया। फिर भी, मूर्ति और उनके मित्र खुशियाँ नहीं मना सके, क्योंकि कई अन्य मुसीबतें मुँह फाड़े खड़ी थीं।

लेकिन मूर्ति और उनके मित्र अटल थे। वे दुनिया को जीतने, कुछ अलग करने के जुनून और अपने सचमुच बड़े स्वप्न में उड़े जा रहे थे। सौभाग्य से, सातों मित्रों की पत्नियाँ उनके प्रयास में उनके साथ थीं।

अंततोगत्वा 2 जुलाई, 1981 को वह स्वप्न हकीकत बन गया। पुणे में उन्होंने कंपनी का नाम 'इन्फोसिस कंसल्टेंट्स प्राइवेट लिमिटेड' रखा; सन् 1992 में उसे बदलकर 'इन्फोसिस टेक्नोलॉजीज लिमिटेड' कर दिया गया।

❑

बहाव के विरुद्ध तैराकी

1980 के दशक के आरंभ में भारत में सॉफ्टवेयर उद्योग अभी शैशवावस्था में था। इसलिए इन्फोसिस को समय से आगे सोचने के परिणाम भुगतने पड़े। हालाँकि इसकी अवधारणा और उद्देश्य प्रशंसनीय थे, लेकिन यह व्यवसाय के लिए आवश्यक मूलभूत सुविधाएँ नहीं जुटा सकी।

इन्फोसिस को पुणे में शुरू किया गया था, जबकि मूर्ति का परिवार मुंबई में रहता था। सुधा टेल्को की मुंबई शाखा में कार्यरत थीं। शुरू में मूर्ति मुंबई में ही रहते थे और अकसर पुणे जाते रहते थे। लेकिन जल्दी ही इस बार-बार की आवाजाही ने मूर्ति को शारीरिक और आर्थिक दोनों ही तरह से चूस लिया। तब उन्होंने पुणे में एक घर लेने का निश्चय किया।

इन्फोसिस इतनी धनी नहीं थी कि किराए पर अलग दफ्तर चला पाती। इसलिए उनकी योजना थी कि ऐसा मकान देखें जिसे घर और दफ्तर दोनों तरह से इस्तेमाल किया जा सके। इसी प्रकार, शुरू में इन्फोसिस में किसी को काम पर भी नहीं रखा जा सकता था, क्योंकि वेतन देने की उनकी हैसियत नहीं थी।

कुछ समय तक सातों लोग ही कई 'अवतारों' के रूप में काम में लगे रहे जैसे बॉस, विक्रेता, कंप्यूटर विशेषज्ञ और सलाहकार—जब जैसी जरूरत पड़ी।

ईश्वर की कृपा से सभी सातों भागीदार बिना विचलित हुए अपने

काम में जुटे रहे। छोटी-छोटी बातों से वे परेशान नहीं हुए। न केवल वे बल्कि उनकी धर्म-पत्नियाँ भी त्याग करती रहीं।

उदाहरण के तौर पर सुधा, जो गर्भवती थीं, टेल्को में नौकरी करती थीं, साथ ही अपने खाली समय में इन्फोसिस के बहुत से काम करती रहीं—कंप्यूटर प्रोग्राम लिखने से लेकर स्टाफ के लिए चाय बनाने तक एवं टेलीफोन सुनने से लेकर पत्रोत्तर तक। सुधा और मूर्ति दोनों के लिए यह एक मुश्किल भरा दौर था।

कुछ महीनों बाद मुंबई लौटकर सुधा फिर से नौकरी पर लग गईं, क्योंकि परिवार में वे ही एकमात्र कमाऊ सदस्य थीं। बिना सहायक के बच्चे को पालना सुधा के लिए बहुत कठिन था। मुंबई में बच्चे के लिए धाय रखना उनके बस की बात नहीं थी, न ही सुधा के माता-पिता अपना घर-बार छोड़कर उनके साथ रहने आ सकते थे।

सुधा ने अपने मायके हुबली में एक कन्या को ज़न्म दिया। उसे पाकर मूर्ति और सुधा बहुत खुश थे। उसका नाम 'अक्षथा' रखा गया।

कुछ महीनों बाद मुंबई लौटकर सुधा फिर से नौकरी पर लग गईं, क्योंकि परिवार में वे ही एकमात्र कमाऊ सदस्य थीं। बिना सहायक के बच्चे को पालना सुधा के लिए बहुत कठिन था। मुंबई में बच्चे के लिए धाय रखना उनके बस की बात नहीं थी, न ही सुधा के माता-पिता अपना घर-बार छोड़कर उनके साथ रहने आ सकते थे। तब सुधा ने हुबली से एक लड़की को बुलवाकर काम पर रख लिया। लेकिन उस लड़की को मुंबई रास नहीं आई और सुधा को उनके काम के हवाले करके वह जल्दी ही वापस लौट गई।

कुछ समय बाद घर की सँभाल, बच्चे की देखभाल और दफ्तर का काम सबकुछ एक साथ सँभालना सुधा के लिए कठिन हो गया। तब

मन मारकर उन्हें एक कड़ा निर्णय लेना पड़ा। उन्होंने तीन महीने की अपनी दुधमुँही बच्ची अक्षथा को हुबली में अपने माता-पिता के घर भेजने का फैसला कर लिया।

इस तरह अपने नवजात शिशु को अपने से अलग करना एक माँ के लिए बहुत दुःखदायी था। मूर्ति भी इससे बड़े व्यथित थे। लेकिन उस समय कोई दूसरा विकल्प उनके पास नहीं था। जैसा कि पहले ही तय था, अगर उन्हें अपने परिवार और इन्फोसिस को साथ-साथ चलाना था तो उन्हें यह त्याग करना ही पड़ता।

इस तरह अपने नवजात शिशु को अपने से अलग करना एक माँ के लिए बहुत दुःखदायी था। मूर्ति भी इससे बड़े व्यथित थे। लेकिन उस समय कोई दूसरा विकल्प उनके पास नहीं था। जैसा कि पहले ही तय था, अगर उन्हें अपने परिवार और इन्फोसिस को साथ-साथ चलाना था तो उन्हें यह त्याग करना ही पड़ता।

थोड़े समय बाद ही सुधा को दूसरे त्याग के लिए तैयार होना पड़ा। मूर्ति और उनके मित्रों के अनवरत प्रयासों के चलते इन्फोसिस ने थोड़ी तरक्की कर ली थी। उनकी सहायता के लिए सुधा ने टेल्को से नौकरी छोड़कर पुणे जाकर रहने का विचार किया।

इसके लिए वे टाटा समूह के अध्यक्ष जे.आर.डी. टाटा से मिलीं। टाटा ने उनसे पूछा, ''तुम नौकरी क्यों छोड़ रही हो?''

सुधा ने जवाब दिया, ''मेरे पति ने एक नया व्यवसाय शुरू किया है। मुझे उनकी सहायता करनी है।''

''बहुत बढ़िया!'' जे.आर.डी. टाटा ने कहा और उनके निर्णय की प्रशंसा की। फिर पूछा, ''तुमने नया व्यवसाय शुरू किया है; उससे होनेवाले लाभ का तुम क्या करोगी?''

सुधा को यह सवाल बड़ा अटपटा लगा। इन्फोसिस अभी बच्चा

ही था, लाभ के बारे में अभी वे सोच भी कैसे सकती थीं।

लेकिन जे.आर.डी. टाटा का मत सर्वथा भिन्न था।

"हम जो भी व्यवसाय शुरू करते हैं, हमारा दृढ़ विश्वास यह होना चाहिए कि उससे हम लाभ कमाएँगे। अगर यह भरोसा न हो तो उसमें उतरना बरबादी है।" वे बोले।

इतना कहकर उन्होंने जोड़ा, "जो लाभ हम उससे अर्जित करते हैं, उसे वापस समाज को लौटा देना चाहिए।"

सुधा को उनकी वह सलाह आज भी याद है। इसका उनके मन पर गहरा असर पड़ा और वे कई समाज-सेवा परियोजनाओं से जुड़ीं।

पुणे में मूर्ति और उनका परिवार उसी मकान में रहने लगा। नंदन नीलकेनी का परिवार भी बाद में उसी मकान में आकर रहने लगा। एक ही परिसर में दफ्तर और दो परिवार साथ-साथ हरसंभव तरीके से खर्च पर नियंत्रण रख सकते थे।

पुणे में मूर्ति और उनका परिवार उसी मकान में रहने लगा। नंदन नीलकेनी का परिवार भी बाद में उसी मकान में आकर रहने लगा। एक ही परिसर में दफ्तर और दो परिवार साथ-साथ हरसंभव तरीके से खर्च पर नियंत्रण रख सकते थे।

सुधा और मूर्ति अक्षथा को हुबली से वापस घर ले आए। चूँकि नंदन का परिवार भी साथ ही रहता था, इसलिए काम पर वे बारी-बारी से जाते थे। कभी-कभी इन्फोसिस के दूसरे भागीदार भी घर में रुका करते थे। इन्फोसिस की उन्नति के लिए वे एक संयुक्त परिवार की तरह दिन-रात हाड़-तोड़ मेहनत करते थे।

शुरू से ही मूर्ति और उनके मित्र जानते थे कि भारत में सॉफ्टवेयर सेवा के अवसर कम ही थे। इसलिए उनका पहला लक्ष्य विदेशी बाजार पर पकड़ बनाना था। इन्फोसिस जैसी नई कंपनी को काम देने से पहले

गुणवत्ता के मामले में विदेशी ग्राहक संतुष्ट हो लेना चाहते थे।

मूर्ति जोर देते थे कि उनका पहला कर्तव्य अपने ग्राहकों को उचित मूल्य पर उच्च कोटि के सॉफ्टवेयर उपलब्ध करवाना है।

मूर्ति ने कंपनी के लिए तीन मुख्य सिद्धांत बनाए।

''पहला, हम जो भी सॉफ्टवेयर बनाएँ, ग्राहकों की उम्मीदों पर वे पूरी तरह खरे उतरने चाहिए; हमें भी इस बात के लिए पहले संतुष्ट हो लेना चाहिए। हमारे द्वारा लिखे या बेचे गए सॉफ्टवेयरों के इस्तेमाल से उन्हें यह लगना चाहिए कि उन्हें अतिरिक्त प्रतिस्पर्धी लाभ मिला है।''

''पहला, हम जो भी सॉफ्टवेयर बनाएँ, ग्राहकों की उम्मीदों पर वे पूरी तरह खरे उतरने चाहिए; हमें भी इस बात के लिए पहले संतुष्ट हो लेना चाहिए। हमारे द्वारा लिखे या बेचे गए सॉफ्टवेयरों के इस्तेमाल से उन्हें यह लगना चाहिए कि उन्हें अतिरिक्त प्रतिस्पर्धी लाभ मिला है।''

''दूसरा, हम जो भी करें, वह किसी खास देश या इलाके को लक्ष्य में रखकर न करें। हमारे भावी ग्राहक किसी भी देश के हो सकते हैं। हम सिर्फ विश्व स्तरीय सॉफ्टवेयर बनाएँगे।''

''तीसरा, हमारी सॉफ्टवेयर सेवा की गुणवत्ता के साथ कोई समझौता नहीं होना चाहिए। हमें हमेशा सभी लोगों को स्वीकार्य शिकायत-रहित, पेशेवर और उच्च कोटि की सेवा उपलब्ध करवानी होगी।''

मूर्ति को यकीन था कि उक्त तीन सिद्धांतों का पालन करके इन्फोसिस भारत से अंतरराष्ट्रीय स्तर की सॉफ्टवेयर सेवा प्रदान कर सकता था।

फिर यहाँ लागत-लाभ भी था। ''दूसरे देशों की तुलना में हमारे देश में खर्च काफी कम है। इसलिए अपने ग्राहकों से भी हम कम पैसा

वसूलेंगे। भारत के संदर्भ में यह विश्व स्तर पर जल्दी फलने-फूलनेवाली स्थिति होगी। इसके बाद ऐसी सेवाओं के लिए यहाँ भी अवसरों में वृद्धि होगी।'' यह उनकी दीर्घकालिक योजना थी।

इन्फोसिस का पूरा ध्यान विदेशी बाजार पर केंद्रित था। जिन देशों में सॉफ्टवेयर सेवा के लिए बहुत ज्यादा अवसर थे, उनमें अपना सिक्का जमाने के लिए उसने कड़ी मेहनत की; दिलचस्पीवाले ग्राहक ढूँढ़े और उनको आश्वस्त किया कि वे उनकी अपेक्षानुसार काम कर सकते हैं।

इन्फोसिस का पूरा ध्यान विदेशी बाजार पर केंद्रित था। जिन देशों में सॉफ्टवेयर सेवा के लिए बहुत ज्यादा अवसर थे, उनमें अपना सिक्का जमाने के लिए उसने कड़ी मेहनत की; दिलचस्पीवाले ग्राहक ढूँढ़े और उनको आश्वस्त किया कि वे उनकी अपेक्षानुसार काम कर सकते हैं।

मूर्ति सहित इन्फोसिस के किसी भी संस्थापक का विदेश में बसने का इरादा नहीं था। वास्तव में उन सभी को विदेशों से नौकरी के प्रस्ताव मिले थे। अभी उन्होंने उन्हें ठुकरा दिया और अपना आधार भारत को ही बनाए रखना पसंद किया। लेकिन इस पर विचार करके कि जब इन्फोसिस को विदेशी बाजार पर ही ध्यान केंद्रित करना है तो फिर भारत में रहने का क्या फायदा? इस प्रकार, मूर्ति को यहीं काम की देखरेख के लिए छोड़कर बाकी सभी अमेरिका जाकर रहने लगे।

इन्फोसिस जैसी नई कंपनी के लिए यह आसान नहीं था कि वह व्यवसाय-वृद्धि के लिए बहुत से लोगों को अमेरिका भेज पाती। खर्च अधिक था। इसमें यात्रा, अमेरिका में रहना-खाना एवं परिवहन-खर्च तथा और भी कई खर्चे शामिल थे। सबकुछ बिना स्थायी कमाई के।

इन्फोसिस की तरफ से जो भी लोग अमेरिका (यू.एस.) गए,

अपना खर्च कम करने के लिए उन्होंने बड़े सख्त उपाय किए। वे एक ही घर में रहते थे। जहाँ तक होता, एक ही गाड़ी का इस्तेमाल करते और अपना खाना खुद बनाते थे। जरूरत पड़ने पर वे पैदल या बस से आते-जाते थे। वे बचत के सभी तरीके अपनाते थे, ताकि इन्फोसिस पर अनावश्यक बोझ न पड़े।

अमेरिका में उनका काम पूरी तरह योजनाबद्ध था—उन्हें उन लोगों की सूची तैयार करनी थी, जो उनकी सेवाओं के भावी संभावित ग्राहक हो सकते थे और उनसे मिलकर इन्फोसिस के बारे में समझाना था। अगला कदम उन लोगों से बातचीत करने और सॉफ्टवेयर सेवाओं के लिए अनुबंध करने का था, जो उनमें रुचि दरशाते हों।

काम आसान नहीं था। कदम-कदम पर उन्हें अन्य अमेरिकी और विदेशी कंपनियों से कड़ा मुकाबला करना पड़ा। अमेरिकियों को विश्वास में लेने के लिए कड़ी मशक्कत करनी पड़ी कि भारत की एक नई कंपनी अंतरराष्ट्रीय स्तर की सॉफ्टवेयर सेवाएँ प्रदान कर सकती है।

काम आसान नहीं था। कदम-कदम पर उन्हें अन्य अमेरिकी और विदेशी कंपनियों से कड़ा मुकाबला करना पड़ा। अमेरिकियों को विश्वास में लेने के लिए कड़ी मशक्कत करनी पड़ी कि भारत की एक नई कंपनी अंतरराष्ट्रीय स्तर की सॉफ्टवेयर सेवाएँ प्रदान कर सकती है।

इन्फोसिस-कर्मीदल की जी-तोड़ कोशिशों के बाद न्यूयॉर्क की 'डेटा बेसिक्स' ने इन्फोसिस की सेवाएँ लेने में दिलचस्पी दिखाई। जब इस अनुबंध पर हस्ताक्षर हुए तो इन्फोसिस के विकास का एक नया अध्याय आरंभ हुआ।

इस बीच, भारत में मूर्ति को भी उतनी ही मुश्किलों से जूझना पड़ा जितनी से अमेरिका में इन्फोसिस-प्रतिनिधियों को जूझना पड़ा था।

जितनी तेजी से उनके विचार चले, भारत सरकार उतनी तेज नहीं चली। उस समय, सरकार को कंप्यूटर विज्ञान के विकास की संभावनाओं की समझ या जानकारी नहीं थी। कंप्यूटर उद्योग को किसी प्रकार की सुविधा या छूट नहीं मिलती थी; हर बात के लिए उन्हें सरकार की सहायता लेनी पड़ती थी।

जैसे, अगर किसी नई कंपनी को विदेश से एक कंप्यूटर आयात करना पड़े तो सरकारी नियम इसे एक लंबी और जटिल प्रक्रिया बना देते थे। अधिकारियों से वांछित कंप्यूटर के आयात के अनुमति-पत्र पर हस्ताक्षर करवाने में वर्षों लगते थे।

इन नियमों ने मूर्ति के कार्य और योजनाओं को असाधारण रूप में आगे बढ़ा दिया। इन्फोसिस के लिए एक टेलीफोन कनेक्शन लेने में मूर्ति को एक साल लग गया। काम-धंधे के सिलसिले में अगर किसी को फौरन विदेश जाना पड़ता तो विदेशी मुद्रा लेने में ही दस दिन से ज्यादा लग जाते थे।

इन नियमों ने मूर्ति के कार्य और योजनाओं को असाधारण रूप में आगे बढ़ा दिया। इन्फोसिस के लिए एक टेलीफोन कनेक्शन लेने में मूर्ति को एक साल लग गया। काम-धंधे के सिलसिले में अगर किसी को फौरन विदेश जाना पड़ता तो विदेशी मुद्रा लेने में ही दस दिन से ज्यादा लग जाते थे। सन् 1981 में आरंभ हुई इन्फोसिस को सरकारी अनुमति से अपना पहला कंप्यूटर आयात करने में दो वर्ष लग गए थे।

ऐसी ही अड़चनों को दूर करने के लिए कई बार तो मूर्ति को सहकारोबारियों और मित्रों से मदद लेनी पड़ी थी, ताकि उनके काम में कोई रुकावट न आए और वह बदस्तूर जारी रहे।

उदाहरण के तौर पर, सन् 1982 में जब इन्फोसिस ने आई.आई.टी., मद्रास से इन्फोसिस के लिए पाँच नए इंजीनियरों की भरती की तो

दफ्तर में उनके बैठने के लिए जगह नहीं थी। तब उनके काम के लिए उन्होंने 'सिस्टेक इंटरनेशनल' के परिसर में बैठने की जगह बनाई, जो उनके मित्र नारायण तिशारोदी से संबद्ध थी।

इन्फोसिस अबी भी ठेके पर दूसरी कंपनी के कंप्यूटर इस्तेमाल करती थी। सन् 1984 में जब तक इसे कंप्यूटर आयात करने की अनुमति नहीं मिली, सॉफ्टवेयर बनाने का अधिकतर काम उधार के कंप्यूटरों पर ही होता रहा था।

इन्फोसिस अबी भी ठेके पर दूसरी कंपनी के कंप्यूटर इस्तेमाल करती थी। सन् 1984 में जब तक इसे कंप्यूटर आयात करने की अनुमति नहीं मिली, सॉफ्टवेयर बनाने का अधिकतर काम उधार के कंप्यूटरों पर ही होता रहा था।

दूसरी समस्या थी, फोन कनेक्शन का अभाव; विशेषकर तब बहुत शर्मिंदगी और असुविधा होती थी जब काम के लिए विदेशी कंपनियों से संपर्क करना पड़ता था।

अपना टेलीफोन लगने से पहले तक इन्फोसिस अपने सभी व्यावसायिक फोन गली के नुक्कड़ पर बने टेलीफोन बूथ से करती थी। आपातकाल में या किसी बड़ी समस्या के हल के लिए इन्फोसिस निजी तौर पर अपना प्रतिनिधि भेजती थी जिसका सीधा-सा अर्थ था—खर्च में बढ़ोतरी; लेकिन इन्फोसिस के पास अन्य कोई विकल्प नहीं था।

मूर्ति हर कहीं साइकिल पर पसीना बहाते फिरते थे, चाहे महत्त्वपूर्ण लोगों से मुलाकात ही करनी हो। व्यवसाय के सिलसिले में शहर-शहर भी घूमते रहते थे। चूँकि ये यात्राएँ हमेशा आवश्यक रूप से करनी पड़ती थीं—एक के बाद दूसरी, इसलिए उन्हें आराम किए बगैर यात्राएँ करनी पड़ती थीं। कड़ी मेहनत से वे घबराते नहीं थे, इसलिए इन यात्राओं को सहर्ष करते थे।

उनका एकमात्र उद्‌देश्य था इन्फोसिस की पताका को ऊँचा उठाने के लिए प्राप्त किसी भी अवसर को हाथ से न जाने देगा। अपनी इतनी समस्याओं से जूझते हुए भी इन्फोसिस ने अपने पहले ही वर्ष में थोड़ा-बहुत लाभ कमा लिया।

इतनी परेशानियों का सामना भी मूर्ति ने सकारात्मक दृष्टिकोण से किया। उन्होंने बताया, ''हमें सिर्फ सरकारी कायदे-कानून ने सबसे अधिक उत्पीड़ित किया, जिसकी वजह से हमें कठिन समय में भी धारा के विरुद्ध तैरने का हौसला प्राप्त हुआ, जिसके कारण हम बहुत कुशल प्रबंधक बने और अच्छे लोग भी।''

हमें सिर्फ सरकारी कायदे-कानून ने सबसे अधिक उत्पीड़ित किया, जिसकी वजह से हमें कठिन समय में भी धारा के विरुद्ध तैरने का हौसला प्राप्त हुआ, जिसके कारण हम बहुत कुशल प्रबंधक बने और अच्छे लोग भी।

सन् 1982 के आस-पास तक मूर्ति ने अपनी पत्नी के आभूषण बेचकर और एक बैंक से कुछ कर्ज लेकर अपने निजी व दफ्तर के इस्तेमाल के लिए पुणे के शिवाजी नगर इलाके में एक मकान खरीद लिया था। इसकी मासिक किस्त 1,244 रुपए भुगतान करनी पड़ती थी। मूर्ति और सुधा उन दिनों पुणे में वालचंद कंप्यूटर्स में कार्यरत थे, लेकिन अपने अर्थ-प्रबंधन में वे चकरा गए। बाद में, उन्हें अपना वह घर बेचना पड़ा, जिसे उन्होंने बहुत मुश्किल से खरीदा था।

❑

चलो बेंगलुरु

इन्फोसिस ने अपना पहला कार्यालय परिसर पुणे के शिवाजी नगर में खरीदा, जो पद्मनाभन रेजीडेंट्स एसोसिएशन के दो कमरों के अपार्टमेंट में स्थित था। फ्लैट में अलमारियाँ या ऐसी ही अन्य सुविधाएँ नहीं थीं। नारायण मूर्ति एवं नंदन नीलकेनी के परिवार भी इसे घर की तरह इस्तेमाल करते थे।

सुधा और नंदन की पत्नी रोहिणी खाना पकाने एवं घर के अन्य कामों में हाथ बँटाती थीं। जब-तब वे टेलीफोन सुनने और पत्र टाइप करने जैसे काम करके कंपनी की सहायता भी करती थीं। इन्फोसिस चूँकि अभी-अभी पनपनी शुरू हुई थी, इसलिए ऐसे काम के लिए नई भरती के बोझ को टाला जा सकता था। इसके अतिरिक्त मूर्ति और भी कई तरह से बचत करते थे, ताकि गृह-ऋण की मासिक किस्त निकलती रहे।

सुधा का दफ्तर 4 किलोमीटर दूर था। उन्होंने रोज पैदल जाने का निश्चय किया। इस तरह बचे पैसे ऋण के खाते में जमा होने लगे। इतनी कठिनाइयों के चलते मूर्ति को लगा कि सुधा भावनात्मक रूप से उस फ्लैट से जुड़ गई थीं। आखिरकार यह उनका खरीदा हुआ पहला घर जो था। इसलिए जब इन्फोसिस ने बेंगलुरु जाने का निर्णय किया और फ्लैट बेचा गया तो सुधा दिन भर रोती रहीं।

इन्फोसिस ने यह निर्णय तीन कारणों से लिया।

पहला, उत्तर भारत की तुलना में, दक्षिण में ज्यादा इंजीनियरिंग

कॉलेज थे और उनकी गुणवत्ता भी बेहतर थी। इसलिए मूर्ति और उनके भागीदारों ने सोचा कि जब इन्फोसिस और उन्नति करेगी तो दक्षिण में उन्हें श्रेष्ठ श्रम-शक्ति हासिल करने के बेहतर अवसर मिल सकेंगे।

दूसरा, मुंबई और पुणे में ऊपरी खर्च ज्यादा थे। इन्फोसिस किसी सस्ते शहर में जाकर, पर्याप्त आधारभूत ढाँचे और संपर्क सुविधाओं के साथ अपने विदेशी ग्राहकों की सेवा करके धन बचा सकती थी और निवेशकों के लिए अधिक लाभ कमा सकती थी। यही वह सोच थी कि इन्फोसिस ने बेंगलुरु जाने का निर्णय लिया।

मूर्ति दूरद्रष्टा थे। इन्फोसिस बेंगलुरु की पहली सॉफ्टवेयर कंपनी थी। बेंगलुरु में उपलब्ध सुविधाओं का लाभ लेने के लिए बहुत सी स्थानीय एवं विदेशी कंपनियों ने भी उनका अनुसरण किया। यह दूसरी बात है कि बाद में बेंगलुरु भी मुंबई की तरह महँगा हो गया।

मूर्ति दूरद्रष्टा थे। इन्फोसिस बेंगलुरु की पहली सॉफ्टवेयर कंपनी थी। बेंगलुरु में उपलब्ध सुविधाओं का लाभ लेने के लिए बहुत सी स्थानीय एवं विदेशी कंपनियों ने भी उनका अनुसरण किया। यह दूसरी बात है कि बाद में बेंगलुरु भी मुंबई की तरह महँगा हो गया।

तीसरा महत्त्वपूर्ण कारण था कि माइको (MICO) बेंगलुरु में स्थित थी। माइको एक मेकैनिकल इंजीनियरिंग कंपनी थी, जो पेट्रोल-वाहनों के लिए स्पार्क प्लग, डीजल-वाहनों के फ्यूल स्प्रिंकलिंग एलिमेंट, हाइड्रोलिक मशीनें और ऑटोमोबाइल ऑडियो यूनिट्स का निर्माण करती थी। यह एक जर्मन कंपनी की भारतीय शाखा थी और इसने इन्फोसिस सॉफ्टवेयर सेवा का इस्तेमाल करने का फैसला किया था। अनुबंध के अनुसार, माइको के लिए काम बेंगलुरु से ही किया जाना था।

सन् 1983 में मूर्ति ने पुणेवाला घर लगभग ढाई लाख रुपए में बेच दिया और वे बेंगलुरु चले गए। इसी समय सुधा अपने दूसरे बच्चे को जन्म देने के लिए हुबली चली गईं।

इन्फोसिस की तत्कालीन हैसियत को देखते हुए माइको का लगभग 1.25 करोड़ रुपए का अनुबंध एक बड़ा ऑर्डर था।

जब मूर्ति और एन.एस. राघवन को अनुबंध पर हस्ताक्षर के लिए बुलवाया गया तो वे एक दोस्त के स्कूटर से माइको के दफ्तर की ओर दौड़े, क्योंकि उस समय उन्हें कोई ऑटोरिक्शा नहीं मिल सका था।

जब मूर्ति और एन.एस. राघवन को अनुबंध पर हस्ताक्षर के लिए बुलवाया गया तो वे एक दोस्त के स्कूटर से माइको के दफ्तर की ओर दौड़े, क्योंकि उस समय उन्हें कोई ऑटोरिक्शा नहीं मिल सका था।

विक्रम भट्ट, जो तब माइको के एक निदेशक थे, अचंभित रह गए। ''अगली बार कम-से-कम कार किराए पर ले लेना।'' उन्होंने सलाह दी।

यद्यपि इन्फोसिस ने माइको जैसे बड़े प्रतिष्ठान का विश्वास जीत लिया था, फिर भी अन्य कंपनियों को इसके बारे में ज्यादा जानकारी नहीं थी। मूर्ति और उनके भागीदार शहर में घूम-घूमकर महत्त्वपूर्ण लोगों से मिलते थे और अपना परिचय देते थे। समुचित परिवहन के अभाव में मूर्ति को यह बड़ा मुश्किल भरा लगता था। इसे भाँपकर सुधा के पिता कुलकर्णी ने उन्हें एक स्कूटर भेंट में दिया।

हुबली में सुधा ने एक बेटे रोहन को जन्म दिया। उस समय काम के सिलसिले में मूर्ति अमेरिका गए हुए थे। इसलिए एक साल तक वे अपने बेटे का चेहरा तक नहीं देख सके।

''साधारणतया मूर्ति बच्चों से प्रेम करते थे।'' सुधा ने लिखा है—''लेकिन इन्फोसिस के आरंभिक वर्षों में अपने बच्चों को दुलारने

और उनके साथ खेलने का उन्हें समय ही नहीं मिला। वे अपने काम में ही व्यस्त रहे।''

मूर्ति के अमेरिका से लौटने के बाद इन्फोसिस का दफ्तर बेंगलुरु के जयनगर इलाके में स्थित एक भवन में स्थानांतरित हो गया। जैसा उन्होंने पुणे में किया था, मूर्ति और नंदन के परिवार कार्यालय परिसर में साथ-साथ रहने लगे।

जल्दी ही इन्फोसिस को माइको के अलावा कुछ और नए ग्राहक मिल गए। सबको पहले से ज्यादा काम करना पड़ता था, लेकिन इन्फोसिस आत्मसम्मान पाने और भारतीय सॉफ्टवेयर उद्योग की ओर ध्यान आकृष्ट कराने का श्रीगणेश करने जा रही थी।

जल्दी ही इन्फोसिस को माइको के अलावा कुछ और नए ग्राहक मिल गए। सबको पहले से ज यादा काम करना पड़ता था, लेकिन इन्फोसिस आत्मसम्मान पाने और भारतीय सॉफ्टवेयर उद्योग की ओर ध्यान आकृष्ट कराने का श्रीगणेश करने जा रही थी।

इस समय सुधा अपनी नौकरी छोड़कर इन्फोसिस से जुड़ना चाहती थीं।

कंपनी के अधिकतर निदेशकों ने उनका स्वागत किया, जिनका यह मानना था कि उनके निदेशक के रूप में उनके साथ जुड़ने से इन्फोसिस को मजबूती मिलेगी लेकिन विरोध बिल्कुल अकल्पित जगह से आया।

मूर्ति बोले कि उन्हें इन्फोसिस से नहीं जुड़ना चाहिए। ''तुम खुद ही फैसला कर लो; हममें से कोई एक ही इस कंपनी में काम कर सकता है। दूसरे को जाना होगा। मैं किसी भी तरह से तुम पर दबाव नहीं डालना चाहता। अगर तुम काम करना चाहती हो तो मुझे जाना होगा।''

सुधा कुछ समझीं नहीं। उन्होंने अचंभे से उन्हें देखा और बोलीं,

''हम दोनों को ही इस कंपनी में काम करने का अनुभव और तकनीकी ज्ञान है।''

''मैं जानता हूँ। लेकिन यहाँ रहने का अर्थ है दूसरे कामों या प्रलोभनों को भूलकर पूरी तरह से अपने काम में डूब जाना; केवल तभी यह कंपनी अपनी नवजात अवस्था से उबर सकती है।'' मूर्ति बोले।

''तो क्या! आप ये क्यों सोचते हैं कि हम दोनों साथ-साथ काम नहीं कर सकते?''

''अगर पति और पत्नी दोनों ही कंपनी के लिए काम करने लगेंगे तो घर और बच्चों की देखरेख कौन करेगा?'' मूर्ति ने पूछा। ''तुम्हें क्या लगता है, यह कहकर मैं खुश हूँ? लेकिन हमारे परिवार की खातिर हममें से एक को यह बलिदान करना होगा।''

''अगर पति और पत्नी दोनों ही कंपनी के लिए काम करने लगेंगे तो घर और बच्चों की देखरेख कौन करेगा?'' मूर्ति ने पूछा। ''तुम्हें क्या लगता है, यह कहकर मैं खुश हूँ? लेकिन हमारे परिवार की खातिर हममें से एक को यह बलिदान करना होगा।''

उनकी पत्नी इस तर्क को नकार नहीं सकीं। वे समझ गईं कि जो कुछ मूर्ति ने कहा था वह तभी संभव था जब उनमें से एक परिवार की देखरेख करता और दूसरा पूरे समर्पण से इन्फोसिस के लिए कार्य करता। इसलिए आधे-अधूरे मन से उन्होंने इन्फोसिस से जुड़ने की इच्छा को दबा दिया।

बाद में मूर्ति ने दूसरा कारण देते हुए इस बारे में बात की।

इन्फोसिस से निदेशक के रूप में जुड़ने के लिए इन्फोसिस के संस्थापकों की तुलना में सुधा उन्हीं के अनुरूप या अधिक प्रतिभा-संपन्न और पूर्णत: योग्य थीं। लेकिन अगर उस समय उन्हें निदेशक बना दिया जाता तो यह सवाल उठ सकते थे कि उन्हें वह पद किस वजह से दिया

गया था। क्या केवल मूर्ति की संस्तुति से? तब अन्य लोग भी इसकी देखा-देखी अपने संबंधियों को जोड़ने का प्रयास कर सकते थे।

साथ ही जब इन्फोसिस की तरफ से सुधा कोई निर्णय लेतीं तो कुछ लोग यह सोचते कि वे केवल मूर्ति की पत्नी होने के कारण वैसा कर रही हैं।

अगर इन्फोसिस आगे फलेगा-फूलेगा तो ऐसी 'वंशगत राजनीति' मददगार नहीं होगी। मूर्ति इन्फोसिस को अफवाहों से परे एक प्रतिष्ठित और पेशेवर कंपनी के रूप में स्थापित होते देखना चाहते थे।

मूर्ति के उस कठिन निर्णय का इन्फोसिस पर दूरगामी प्रभाव पड़ा। कंपनी में महत्त्वपूर्ण पदों पर आसीन किसी भी व्यक्ति ने अपने बच्चों या संबंधियों को कंपनी में लाने की हिमाकत नहीं की। उच्चतम से निम्नतम पदों की भरती के लिए संगठन का एकमात्र मानदंड है—योग्यता और पेशेवर उपाधियाँ।

मूर्ति के उस कठिन निर्णय का इन्फोसिस पर दूरगामी प्रभाव पड़ा। कंपनी में महत्त्वपूर्ण पदों पर आसीन किसी भी व्यक्ति ने अपने बच्चों या संबंधियों को कंपनी में लाने की हिमाकत नहीं की। उच्चतम से निम्नतम पदों की भरती के लिए संगठन का एकमात्र मानदंड है—योग्यता और पेशेवर उपाधियाँ।

बहुत से लोग मूर्ति से पूछते हैं, क्या सुधा को इस तरह बस गृहिणी बना देना उनके साथ न्याय है, जो अपनी प्रांतीय स्कूल परीक्षा और इंजीनियरिंग में प्रथम रहीं तथा कंप्यूटर अध्ययन में स्वर्ण पदक हासिल किया?

अपनी पुस्तक 'द स्टोरी ऑफ ए ड्रीम' में सुधा ने इस सवाल का स्पष्ट जवाब दिया है—"उनके सपने मेरे सपनों से उत्कृष्ट हैं। मेरा सपना बस एक घेरे में कैद है, 'मेरे काम···मेरे भविष्य तक'। लेकिन

उनका सपना बड़ा है; वह देश की संपत्ति बढ़ाने के उपाय ढूँढ़ने से जुड़ा है। इसलिए मुझे नहीं लगता कि कंपनी छोड़कर मैंने कुछ गलत किया। अगर मेरा सपना बड़ा और देश के विकास में सहयोगी होता तो वे उससे ज्यादा छोड़ देते जितना मैंने अभी छोड़ा है। इस बारे में मुझे जरा भी संदेह नहीं है।''

''यह एक कष्टप्रद त्याग था। लेकिन इसे टाला नहीं जा सकता था।'' उन दिनों की याद करते हुए सुधा बताती हैं। लेकिन वे बस घर में कैद होकर रहनेवाली चिड़िया नहीं थीं। उन्होंने शिक्षा, लेखन और सामाजिक कार्य के क्षेत्र में अपनी पहचान बनाई।

एक अनुचित निर्णय थोप दिए जाने के बावजूद इतनी ऊँचाई उन्होंने कैसे हासिल की?

यह संभव हुआ सुधा के दृढ़ निश्चय और आत्मविश्वास से। उन्होंने अपनी विशिष्ट संवेदना तब भी नहीं खोई जब अपनी नौकरी छोड़ी और तब भी जब परिस्थितियों ने उन्हें इन्फोसिस से दूर कर दिया। उनका जीवन आत्मविश्वासी रहने का एक उदाहरण है।

सुधा घर एवं बच्चों की देखरेख में जुट गईं और लेखन-दिलचस्पी को नवजीवन प्रदान किया। उन्होंने कन्नड़ में दस से अधिक पुस्तकें लिखीं—उपन्यास, आलेख, यात्रा-विवरण और कंप्यूटर पर परिचायक पुस्तकें—उनमें से बहुत सी तमिल, अंग्रेजी, मलयालम, तेलुगु और हिंदी में अनूदित हुई हैं। इन्फोसिस ट्रस्ट के माध्यम से उन्होंने समाज-सेवा का बीड़ा उठाया और जब भी समय मिला, बच्चों को पढ़ाया भी।

❑

खुले दरवाजे

’80 के दशक में मूर्ति एवं इन्फोसिस के अन्य संस्थापकों ने अनेक परेशानियों के बावजूद कंपनी के विकास के लिए कड़ी मेहनत की। लेकिन भारत सरकार तथा अन्य उद्योगों ने कंप्यूटर एवं सॉफ्टवेयर से संबद्ध इकाइयों का सहयोग नहीं किया। साथ ही, अभी बाजार भी विकसित नहीं हुआ था।

हालाँकि इन्फोसिस जैसी कुछ कंपनियाँ धीरे-धीरे विकास कर रही थीं, लेकिन उनके लिए ज्यादा अवसर और प्रोत्साहन नदारद थे। अगर वे विदेशी बाजार की तरफ देखते तो वहाँ पुन: उन्हें अनेक बाधाओं और नियम-कानूनों का सामना करना पड़ता था। इन सबके चलते कंपनी की बढ़ोतरी की गति बिल्कुल सुस्त थी।

इसी समय जो दूसरी कंपनियाँ इस व्यवसाय से जुड़ी थीं, इन्फोसिस को खरीदने के लिए आगे आईं। इन्फोसिस के कुछ संस्थापकों का मत था कि दिन-प्रतिदिन के संघर्ष की अपेक्षा कंपनी को बेच देना बुद्धिमानी होगी। लेकिन मूर्ति को इन्फोसिस पर पूरा यकीन था, इसलिए ‘स्वयं को बेचने’ को वे कतई राजी नहीं हुए।

इस पर लगभग पाँच घंटे बहस चली।

“हम और नुकसान बरदाश्त नहीं कर सकते। इसलिए फौरन कंपनी को बेच देना चाहिए।” कुछ बोले, जबकि कुछ अन्य ने राय रखी, “इस स्थिति में पीछे हटना कायरता होगी। कंपनी को बढ़ाने के

लिए हमें दो-दो हाथ जारी रखने चाहिए।''

मूर्ति ने सबकी बात सुनी और ऐलान करते हुए बोले, ''अगर आप लोगों को हमारी टीम में भरोसा है तो मेरे साथ रहें। अन्यथा बजाय इसके कि कोई दूसरा आदमी हमारी कंपनी को खरीदे, आपके सभी शेयर मैं खरीद लूँगा।''

बिल्कुल सन्नाटा छा गया। सभी अचंभे में थे कि इस प्रस्ताव पर कैसे प्रतिक्रिया व्यक्त करें; जबकि मूर्ति बोलते गए, ''यह सच है कि हमारे देश में ऐसी कंपनी चलाना मुश्किल भरा है। फिर भी, मुझे पूरा यकीन है कि इन सब समस्याओं से हम पार पा लेंगे।''

बिल्कुल सन्नाटा छा गया। सभी अचंभे में थे कि इस प्रस्ताव पर कैसे प्रतिक्रिया व्यक्त करें; जबकि मूर्ति बोलते गए, ''यह सच है कि हमारे देश में ऐसी कंपनी चलाना मुश्किल भरा है। फिर भी, मुझे पूरा यकीन है कि इन सब समस्याओं से हम पार पा लेंगे।''

बहस खत्म हो गई। मूर्ति के प्रति आदर से भरकर वे सभी अपने संदेहों को भूल गए और फिर से उनके प्रति भरोसा जताया। सब और जोश व समर्पण के साथ काम करने के लिए सहमत हुए। एक अलिखित प्रस्ताव पारित किया गया कि अब वे कंपनी को बंद करने या बेचने की बात कभी नहीं करेंगे।

मूर्ति को इन्फोसिस के एक भागीदार की तरह ही माना जाता था, फिर भी उनका अनुभव थोड़ा ज्यादा था, इसलिए सुविधा के लिए उन्होंने उन्हें मुख्य कार्यकारी अधिकारी (CEO) बना रखा था। लेकिन कंपनी को बेचने के विरुद्ध मजबूती से खड़े होने के बाद वे पूरे मन से उन्हें अपना नेतृत्वकर्ता मानने लगे।

मूर्ति अकसर कहा करते थे, ''किसी व्यवसाय को शुरू करना

एवं चलाना 100 मीटर की दौड़ की तरह नहीं है। यह मैराथन के समान है। कोई पलक झपकते ही मैदान नहीं मार लेता; सफलता पाने के लिए योग्य बनना होगा और अनथक रूप से घंटों काम करते हुए मील-दर-मील आगे बढ़ना होगा।''

मूर्ति ने इस बात को इन्फोसिस के साथ कार्य करके प्रमाणित कर दिया। जो कंपनी किसी समय ठीक से चल भी नहीं पाती थी, अगले कुछ ही वर्षों में भारत की एक श्रेष्ठ कंपनी बन गई।

सन् 1991 में नरसिंह राव के नेतृत्व में कांग्रेस सरकार बनी और तत्कालीन प्रधानमंत्री नरसिंह राव एवं वित्त मंत्री मनमोहन सिंह दोनों ही अपने आर्थिक सुधारों के समर्थक थे। कंपनी के लिए यह निर्णायक क्षण रहा।

सन् 1991 में नरसिंह राव के नेतृत्व में कांग्रेस सरकार बनी और तत्कालीन प्रधानमंत्री नरसिंह राव एवं वित्त मंत्री मनमोहन सिंह दोनों ही अपने आर्थिक सुधारों के समर्थक थे। कंपनी के लिए यह निर्णायक क्षण रहा।

तब तक भारत का विदेश व्यापार बड़े परंपरागत ढंग से व्यवस्थित होता था। राव सरकार ने निश्चय किया कि देश के औद्योगिक विकास और वित्तीय स्थिति में सुधार के लिए व्यापार के दरवाजे पूरी तरह से खोल देना ही एकमात्र उपाय होगा।

भारत की आयात-निर्यात नीति से शुरू करके विदेश व्यापार से संबद्ध सभी कायदे-कानूनों में ढील दी गई और मुक्त व्यापार विकसित किया गया। इन आर्थिक सुधारों के चलते भारतीयों को विदेश जाने के अवसरों मिलने लगे और विदेशी कंपनियाँ यहाँ निवेश करने लगीं। इन अवसरों का लाभ उठाने में इन्फोसिस ने जरा भी वक्त बरबाद नहीं किया।

अनुमति के लिए कंपनी लंबे समय तक इंतजार नहीं कर सकती थी और न ही हर काम के लिए दिल्ली भाग सकती थी। व्यावसायिक

औपचारिकताएँ पूरी करने में जहाँ आठ से बारह महीने लग जाते थे, अब एक या दो दिन लगते थे।

इसी प्रकार, विदेश यात्रा से जुड़े रिजर्व बैंक के कायदे-कानूनों में भी छूट दी गई। पहले व्यवसाय के सिलसिले में विदेश जाना हो तो रिजर्व बैंक ऑफ इंडिया (RBI) को आवेदन देने के बाद पाँच से दस दिन तक इंतजार करना अनिवार्य था। लेकिन सन् 1991 के बाद एक दिन के भीतर ही विदेश यात्रा पर जाना संभव हो गया।

और जब किसी कंपनी को बड़ी परियोजनाएँ शुरू करनी होतीं तथा उसके पास आवश्यक धन नहीं होता तो वह इक्विटी शेयर (साधारण भाग) जारी करके सरलता से धन एकत्रित कर सकती थी। पहले एक निगम शेयर जारी करता था और निगम का एक अधिकारी यह निर्धारित करता था कि किसी कंपनी के शेयर कितने अतिरिक्त मूल्य पर बाजार में बेचे जा सकते थे। सरकार ने सन् 1991 में इस निगम पर ताला जड़ दिया।

नए कानून के अनुसार, नीलामी जैसी एक प्रणाली के तहत खरीदार शेयर का मूल्य या यह निर्धारित कर सकते थे कि कंपनी के शेयरों के लिए उन्हें कितना अतिरिक्त मूल्य चुकाना होगा। इस प्रकार, कंपनी को सभी लाभ मिलने लगे; इन्फोसिस ने भी इसका भरपूर लाभ उठाया। जून 1992 में बाजार में इन्फोसिस के शेयर जारी हुए।

नए कानून के अनुसार, नीलामी जैसी एक प्रणाली के तहत खरीदार शेयर का मूल्य या यह निर्धारित कर सकते थे कि कंपनी के शेयरों के लिए उन्हें कितना अतिरिक्त मूल्य चुकाना होगा। इस प्रकार, कंपनी को सभी लाभ मिलने लगे; इन्फोसिस ने भी इसका भरपूर लाभ उठाया। जून 1992 में बाजार में इन्फोसिस के शेयर जारी हुए।

इस प्रकार, सन् 1991 से भारत में आरंभ हुए आर्थिक सुधार इन्फोसिस के लिए सचमुच मददगार रहे। उनकी विकास-दर तीव्र गति से बढ़ गई। लेकिन वही कानून परोक्ष रूप से उन्हें प्रभावित कर रहे थे।

जैसा कि पहले बताया गया है, सन् 1991 के बाद से बहुत सी विदेशी कंपनियाँ भारत में निवेश कर सकती थीं। दूसरे देशों की अपेक्षा भारत में व्यापार स्थापित करने में बहुत कम लागत आती थी। इससे अमेरिका जैसे विकसित देशों की जानी-मानी कंपनियाँ भारत में अपनी शाखाएँ स्थापित करने की संभावनाएँ तलाशने लगीं।

सबको लगने लगा था कि इन्फोसिस भी जरूर इस खेल में फँसकर प्रभावित होगी, क्योंकि दूसरे क्षेत्रों की तुलना में, बहुराष्ट्रीय कंपनियाँ सॉफ्टवेयर उद्योग में ज्यादा निवेश करती थीं। वे सभी प्रमुख भारतीय शहरों में अपने दफ्तर खोल देतीं, लाखों-लाख निवेश करतीं और प्रतिभाशाली युवाओं को खुला आमंत्रण देतीं कि आएँ और नौकरी करें।

अगर ऐसी बड़ी कंपनियाँ भारत आ गईं तो स्थानीय कंपनियों का क्या होगा? क्या वे उन जैसी विदेशी कंपनियों की तरह अनाप-शनाप खर्च कर सकेंगी? फिर तो सचमुच समस्या होगी।

सबको लगने लगा था कि इन्फोसिस भी जरूर इस खेल में फँसकर प्रभावित होगी, क्योंकि दूसरे क्षेत्रों की तुलना में, बहुराष्ट्रीय कंपनियाँ सॉफ्टवेयर उद्योग में ज्यादा निवेश करती थीं। वे सभी प्रमुख भारतीय शहरों में अपने दफ्तर खोल देतीं, लाखों-लाख निवेश करतीं और प्रतिभाशाली युवाओं को खुला आमंत्रण देतीं कि आएँ और नौकरी करें। परिणामतः इन्फोसिस जैसी कंपनियों के सॉफ्टवेयर विशेषज्ञ बेहतर वेतन, बेहतर सुविधाओं और विदेश जाने के अवसरों को देखकर विदेशी कंपनियों की ओर भागने लगते।

पहले से ही बढ़ी प्रतियोगिता ने भारतीय सॉफ्टवेयर बाजार को कमजोर कर दिया था। यह ऐसा ही था मानो केक के एक टुकड़े के लिए कई लोग झगड़ रहे हों। ग्राहकों को फैसले लेने में कठिनाई हो रही थी। इनसे भारतीय सॉफ्टवेयर कंपनियों पर प्रतिकूल प्रभाव पड़ा।

इन परिस्थितियों के मद्‍देनजर मूर्ति और उनके भागीदारों ने सलाह-मशविरा किया। तब वर्तमान समस्या का एक हल निकलकर आया कि फौरन सरकार से मिलकर अनुरोध किया जाए कि वह देश में विदेशी कंपनियों की घुसपैठ रोकने के उपाय करे।

इन परिस्थितियों के मद्‍देनजर मूर्ति और उनके भागीदारों ने सलाह-मशविरा किया। तब वर्तमान समस्या का एक हल निकलकर आया कि फौरन सरकार से मिलकर अनुरोध किया जाए कि वह देश में विदेशी कंपनियों की घुसपैठ रोकने के उपाय करे।

उस समय मूर्ति नैसकॉम (NASSCOM) के अध्यक्ष थे, जो भारतीय सॉफ्टवेयर सेवा उद्योगों का संघ था। अगर संघ चाहता तो उसकी तरफ से वे सरकार से पैरवी कर सकते थे कि इससे व्यवसाय प्रभावित होगा, इसलिए विदेशी सॉफ्टवेयर कंपनियों को भारत में आने से रोक देना चाहिए।

लेकिन मूर्ति यह नहीं चाहते थे। वे दूसरों को काम से रोककर नहीं वरन् अपनी स्वयं की प्रतिभा के बल पर सफलता हासिल करना चाहते थे। इसलिए उन्हें लगा कि कंपनी की उन्नति और विकास के लिए अन्य बातों के साथ-साथ कर्मचारियों को, विशेषकर युवाओं को जहाज छोड़कर जाने से रोकने के लिए अन्य रणनीतियाँ अपनानी होंगी। साथ ही यह भी निर्णय लिया गया कि वे इस बात पर भी नजर रखेंगे कि युवा लोग दूसरी कंपनियों की ओर क्यों आकृष्ट हो रहे हैं और उन्हें वही सुविधाएँ व रियायतें देंगे, जो उन्हें

कहीं और मिलेंगी। संक्षेप में, कर्मचारियों को संतुष्ट रखने के लिए सभी कदम उठाए जाएँगे और यह सुनिश्चित किया जाएगा कि वे नौकरी छोड़ने की सोचें तक नहीं।

यह विचार बहुत सामान्य लगता था; लेकिन इन्फोसिस पहला प्रतिष्ठान था, जिसने इस ढंग से सोचा था। केवल इसलिए, क्योंकि वह अपने कर्मचारियों की इज्जत करता था तथा उनके कल्याण को महत्त्वपूर्ण मानता था। इस प्रकार विपत्ति को प्रभावी ढंग से टाला जा सकता था।

यह विचार बहुत सामान्य लगता था; लेकिन इन्फोसिस पहला प्रतिष्ठान था, जिसने इस ढंग से सोचा था। केवल इसलिए, क्योंकि वह अपने कर्मचारियों की इज्जत करता था तथा उनके कल्याण को महत्त्वपूर्ण मानता था। इस प्रकार विपत्ति को प्रभावी ढंग से टाला जा सकता था।

इन्फोसिस '90 के दशक के आरंभ में एक बड़ी कंपनी के रूप में सुस्थापित हो चुकी थी। इसने अपने कंप्यूटर विशेषज्ञों का चयन बड़ी सावधानी से किया। यद्यपि अन्य कंपनियाँ लागत घटाने की गरज से एक ही संस्थान से बहुत से इंजीनियरों का चुनाव कर लेती थीं, इन्फोसिस अपने इस सिद्धांत पर अटल थी कि हमेशा सर्वश्रेष्ठ शिक्षा संस्थान से सर्वश्रेष्ठ इंजीनियरों का चयन करेगी। इस प्रकार इन्फोसिस में कार्यरत सभी कंप्यूटर विशेषज्ञ अपने-अपने फन में माहिर थे। इसलिए यह कोई आश्चर्य की बात नहीं है कि अन्य कंपनियाँ प्रलोभन देकर उन्हें तोड़ने की कोशिश न करतीं। इस खतरनाक स्थिति से निबटने के लिए इन्फोसिस अपने कर्मचारियों के कल्याण का पूरा ध्यान रखने लगी।

आरंभ से ही मूर्ति इन्फोसिस के संस्थापकों और कर्मचारियों से एक

जैसा व्यवहार करते थे। वे कहा करते थे, ''वे दिन भर कड़ी मेहनत करते हैं, शाम को घर जाते समय उन्हें थकान तो महसूस होगी ही। लेकिन जब अगले दिन काम पर आएँ तो उसी पुराने जोश से काम पर जुट जाएँ।''

इसका अर्थ था कि सभी को उनके श्रम के अनुरूप वेतन और अन्य सुविधाएँ मिलनी चाहिए। उन्हें अपने कार्य का प्रतिफल पूरी संतुष्टि के साथ मिलना चाहिए।

भावनात्मक ढंग से और मनोविज्ञान-आधारित समस्या की जड़ तक पहुँचने का मूर्ति का यह दृष्टिकोण कारगर साबित हुआ। इन्फोसिस-कर्मीदल के वेतन और सुविधाएँ अन्य कंपनियों के बराबर या उनसे कहीं ऊँचे हो गए। साथ ही काम के माहौल को उत्कृष्ट बनाने के लिए भी इन्फोसिस ने जी-तोड़ कोशिश की।

इसी परिप्रेक्ष्य में सन् 1993-94 में इन्फोसिस ने बेंगलुरु में सभी सुविधाओं से संपन्न एक विशाल कार्यालय भवन का निर्माण करवाया। यह भवन इन्फोसिस के लिए एक बड़ी उपलब्धि का प्रतीक बन गया, जिसने अपने व्यवसाय की शुरुआत पुणे में दो कमरों के एक घर से की थी।

इसी परिप्रेक्ष्य में सन् 1993-94 में इन्फोसिस ने बेंगलुरु में सभी सुविधाओं से संपन्न एक विशाल कार्यालय भवन का निर्माण करवाया। यह भवन इन्फोसिस के लिए एक बड़ी उपलब्धि का प्रतीक बन गया, जिसने अपने व्यवसाय की शुरुआत पुणे में दो कमरों के एक घर से की थी।

इन्फोसिस का बेंगलुरु स्थित मुख्यालय 50 एकड़ से भी अधिक क्षेत्र में फैला है। यह दुनिया का सबसे बड़ा सॉफ्टवेयर परिसर है। इस परिसर में, जो एक लघु शहर की तरह लगता है, दफ्तरों के साथ-साथ कर्मचारियों की सुख-सुविधाओं और मनोरंजन के लिए टेनिस कोर्ट,

गोल्फ का मैदान, तरणताल, व्यायामशाला और रेस्टोरेंट जैसी अन्य तमाम सुविधाएँ भी मौजूद हैं।

लेकिन क्या ये कदम पर्याप्त थे? जब इन्फोसिस 10 रुपए वेतन-वृद्धि करता और अगर प्रतियोगी 100 रुपए वृद्धि की घोषणा करते तो क्या करना चाहिए था?

दूर की सोचते हुए, भारत में पहली बार मूर्ति एक क्रांतिकारी योजना लेकर आए—कंपनी के सभी कर्मचारियों को कंपनी के विकास और लाभ का हिस्सा मिलेगा—इसे ई.एस.ओ.पी. (इंप्लॉयी स्टॉक ऑप्शन प्लान) नाम दिया गया।

भारत में यह नया था। कई सफल अमेरिकी कंपनियों में यह योजना लागू थी। सिलिकन वैली कंपनियों के नाम से जानी जानेवाली सभी नई अमेरिकी वित्तीय कंपनियाँ केवल ई.एस.ओ.पी. के जरिए ही कर्मचारियों को बाँधे हुए थीं।

भारत में यह नया था। कई सफल अमेरिकी कंपनियों में यह योजना लागू थी। सिलिकन वैली कंपनियों के नाम से जानी जानेवाली सभी नई अमेरिकी वित्तीय कंपनियाँ केवल ई.एस.ओ.पी. के जरिए ही कर्मचारियों को बाँधे हुए थीं।

कंपनी की स्टॉक ऑप्शन की यह सुविधा इन्फोसिस कर्मचारियों के साथ-साथ नई नियुक्ति पानेवालों को भी दी गई। ये पूरे शेयर नहीं होते थे, वे ऑप्शन (विकल्प) कहलाते थे, जिसका अर्थ है कि नियत समय के बाद कंपनी के शेयर पूर्व वर्णित साधारण मूल्य पर खरीदे जा सकते थे। उस समय बाजार में शेयर का चाहे जो भी मूल्य हो, शेयर पूर्व निर्धारित मूल्य पर खरीदे और खुले बाजार में लाभ पर बेचे जा सकते थे।

इस व्यवस्था के अंतर्गत इन्फोसिस अपने लाभ का एक निश्चित प्रतिशत अपने प्रत्येक कर्मचारी को बाँटने जा रही थी। इन्फोसिस पहली भारतीय सॉफ्टवेयर कंपनी थी, जो ताले लगाए रखने के बजाय खुशी-

खुशी अपने लाभ को सबके साथ बाँट रही थी। फलतः मालिक और कर्मचारियों के बीच खिंची विभाजन रेखा किसी हद तक धूमिल हो गई और वे सभी कंपनी से जुड़ाव एवं वफादारी महसूस करने लगे।

यह वह वक्त था, जब इन्फोसिस की पताका भारतीय और अंतरराष्ट्रीय सॉफ्टवेयर बाजार में ऊँची फहरा रही थी। कंपनी का शेयर मूल्य बढ़ गया था और इन्फोसिस के बहुत से सदस्य बहुत अमीर बन गए थे।

जब प्रतियोगी कंप्यूटर विशेषज्ञ एक कंपनी से दूसरी में खुशी-खुशी आ-जा रहे थे, इन्फोसिस को बहुत कम लोगों ने छोड़ा।

उच्च स्तर पर भी, इन्फोसिस के सभी भागीदार जुड़े रहे। इन्फोसिस के सात संस्थापकों में से केवल अशोक अरोड़ा अकेले कुछ कारणवश सन् 1989 में इसे छोड़कर गए। बाकी सब मूर्ति के नेतृत्व में अपने काम पर डटे रहे।

उच्च स्तर पर भी, इन्फोसिस के सभी भागीदार जुड़े रहे। इन्फोसिस के सात संस्थापकों में से केवल अशोक अरोड़ा अकेले कुछ कारणवश सन् 1989 में इसे छोड़कर गए। बाकी सब मूर्ति के नेतृत्व में अपने काम पर डटे रहे।

मूर्ति कहते थे, "मेरी सबसे बड़ी शक्ति है मेरी इन्फोसिस टीम। अगर कभी मुझे दूसरी कंपनी खोलने का अवसर मिले तो मैं निश्चित ही अपने इन्हीं दोस्तों को अपने साथ देखना चाहूँगा।"

इन्फोसिस का हरेक संस्थापक अपने फन में माहिर था। उदाहरण के तौर पर, एन.एस. राघवन एक महान् मानव संसाधन प्रबंधक थे; एस. गोपालकृष्णन कंपनी के तकनीकी निर्णयों के लिए जिम्मेदार थे और इसी तरह बाकी भी। अपने अनुभव और ज्ञान के अनुरूप ही सबको जिम्मेदारियाँ सौंपी गई थीं।

मूर्ति गर्वपूर्वक कहते हैं कि इन्फोसिस की सबसे बड़ी संपत्ति है,

वहाँ कार्यरत विलक्षण विशेषज्ञ। इन्फोसिस अपने कर्मचारियों के महत्त्व को अपने बैलेंस शीट तक में दरशाती है। इन्फोसिस भारत की एक अग्रणी कंपनी मानी जा सकती है, जो अपने मानव-निवेश का सम्मान करती है और इसे अपनी संपत्ति मानती है। सन् 1993 में इन्फोसिस को गुणवत्ता प्रमाणपत्र 'आई.एस.ओ. 9001' प्राप्त हुआ।

अगले वर्ष इसकी सेवाओं के बड़े स्तर पर विस्तार की योजना बनाई गई। भारत के सभी बड़े शहरों में इन्फोसिस के दफ्तर खोले गए। चरणबद्ध ढंग से विदेशों में भी दफ्तर खोले गए। इन दफ्तरों के लिए बड़ी संख्या में नई भरतियाँ की गईं।

इन्फोसिस की शक्ति बढ़ी और लाभ भी। सन् 1994 से 1997 तक इन्फोसिस का लाभ तीन गुना बढ़ गया।

लेकिन अकेले कंपनी के लक्ष्य को लेकर यह लाभ का अंबार लगा रही है? इसका क्या कोई सामाजिक उत्तरदायित्व नहीं बनता है? क्या बुल्गेरियाई जेल में रहकर मूर्ति के वामपंथी विचार हवा हो गए थे?

❑

वापस कर दें

एक समय था, जब वामपंथी विचारधारा से अभिभूत होकर मूर्ति ने पेरिस में बचाया अपना अधिकतर पैसा वहीं लुटाया और खाली हाथ भारत लौट आए थे। उसी के बाद उन्होंने इन्फोसिस की स्थापना की, जो भारत के सबसे बड़े सॉफ्टवेयर साम्राज्य के रूप में उभरी और उसने बहुत से शिक्षित युवाओं को रोजगार दिया।

जब मूर्ति ने इन्फोसिस की स्थापना की थी तब उनके मस्तिष्क में पनपा सबसे महत्त्वपूर्ण विचार था—देश के लिए धन कमाना। उनका यह दृढ़ विश्वास था कि केवल इसी के बाद जरूरतमंदों को बराबरी से पैसा बाँटना संभव हो पाएगा।

इसलिए 1990 के दशक के मध्य में जब इन्फोसिस एक बहुत बड़ा उपक्रम बन गया, मूर्ति अपना ध्यान समाज के निम्नतम समूह की सेवा की ओर मोड़ना चाहते थे।

इसके बारे में चर्चा करते हुए वे कहते थे, ''कोई कंपनी किसी भी तरह से सफल हो सकती है; लेकिन अगर उसमें सामाजिक उत्तरदायित्व की भावना न हो तो वह सफलता पूरी नहीं हो सकती।''

सरकार चाहे जितनी अच्छी हो, संसार के दूसरे सबसे अधिक आबादी वाले भारत जैसे विशाल देश में धन व अन्य सुविधाओं के समान वितरण की आशा भी करना असंभव था।

खाना, कपड़े, छत, जरूरी चिकित्सा सुविधाएँ और शिक्षा जैसी

मौलिक जरूरतों से शुरुआत करें तो एक लंबी सूची बहुत से लोगों के लिए अधूरा सपना बनी रहती है। यही कारण थे कि अमीर और गरीब के बीच की खाई चौड़ी होती जा रही थी। अगर इस दुःखद स्थिति को बदलना था तो अमीरों को गरीबों की तरफ सहायता का हाथ बढ़ाना था। समाज के प्रति मूर्ति का यह दृष्टिकोण था।

मूर्ति की तरह इन्फोसिस के अन्य संस्थापकों एवं भागीदारों की भी सामाजिक कर्तव्यों में रुचि थी। अतः सभी की सहमति से कुछ महत्त्वपूर्ण योजनाएँ बनाई गईं। लेकिन उन योजनाओं को अमली जामा पहनाने के लिए मजबूत तंत्र और पूर्ण समर्पण आवश्यक थे। केवल तभी वे यह सुनिश्चित कर सकते थे कि खर्च किया गया पैसा दुरुपयोग के बिना जरूरतमंदों तक पहुँचेगा।

मूर्ति की तरह इन्फोसिस के अन्य संस्थापकों एवं भागीदारों की भी सामाजिक कर्तव्यों में रुचि थी। अतः सभी की सहमति से कुछ महत्त्वपूर्ण योजनाएँ बनाई गईं। लेकिन उन योजनाओं को अमली जामा पहनाने के लिए मजबूत तंत्र और पूर्ण समर्पण आवश्यक थे।

इसलिए समाज-सेवा के लिए सह-कारोबारी के रूप में एक न्यास (ट्रस्ट) गठित करने का निर्णय लिया गया। मूर्ति की पत्नी सुधा को न्यास के प्रमुख के रूप में चुना गया।

बचपन से ही सुधा का झुकाव दान-धर्म की ओर था। जब उन्होंने टेल्को की नौकरी छोड़ी, टाटा कंपनी समूह के अध्यक्ष जे.आर.डी. टाटा ने उनसे कहा था, "हमें वह लाभ वापस समाज को लौटा देना चाहिए, जिसे हम उसी से अर्जित करते हैं।"

सलाह के इन शब्दों ने सुधा पर गहरा असर डाला था, जो महात्मा गांधी और गौतम बुद्ध की विचारधारा से पहले ही अभिभूत थीं। वे टाटा की सलाह को भूली नहीं थीं। लेकिन उनके सुविचारों को मूर्तिमान करने

के लिए, दूसरी घटना प्रेरक बनी।

सुधा एक कॉलेज में पढ़ाती थीं और कंप्यूटर विज्ञान विभाग की प्रमुख थीं। उनकी बेटी अक्षथा दसवीं में थी। अपने खाली समय में अक्षथा कुछ नेत्रहीन छात्रों को पढ़ाया करती थी। होशियार होने के बावजूद गरीबी के कारण वे छात्र अपनी पढ़ाई आगे जारी नहीं रख पा सके थे। उनमें से एक उच्च शिक्षा के लिए दिल्ली जाना चाहता था। लेकिन उसका खर्च उठानेवाला कोई नहीं था।

यह तब हुआ, जब पंद्रह वर्षीया अक्षथा ने अपनी माँ से कहा कि वे उस छात्र की मदद कर सकती हैं। चूँकि सुधा को कॉलेज जाने की जल्दी थी, उन्होंने बेटी की बात पर ध्यान नहीं दिया और तेजी से कुछ कहती हुई चली गईं।

यह तब हुआ, जब पंद्रह वर्षीया अक्षथा ने अपनी माँ से कहा कि वे उस छात्र की मदद कर सकती हैं। चूँकि सुधा को कॉलेज जाने की जल्दी थी, उन्होंने बेटी की बात पर ध्यान नहीं दिया और तेजी से कुछ कहती हुई चली गईं।

बाद में जब वे कॉलेज से लौटीं तो अक्षथा फिर उनके पास पहुँची और अपनी बात दोहराते हुए बोली कि उसकी सिफारिश बहुत न्यायसंगत है। फिर शालीनता से अपनी माँ की गलती बताते हुए बोली, "आप मानसिक और आर्थिक रूप से उस छात्र की सहायता करने के योग्य हैं; लेकिन फिर भी सहायता से इनकार कर रही हैं।"

सुधा ने अपनी बेटी के शब्दों पर विचार किया; उन्हें अपराध-बोध हुआ और उलझन में डूबी वे चुप रहकर सोच-विचार करने लगीं। अपने जीवन के पच्चीस वर्ष मैंने अध्ययन में बिताए। अगले बीस वर्ष पति की सहायता और परिवार की देखरेख में गुजर गए। अब परिवार सुस्थापित है। इन्फोसिस सफलता की सीढ़ियाँ चढ़ रही है और बच्चे भी बड़े हो

गए हैं। इस तरह क्या मेरे लिए सबकुछ समाप्त हो गया है? इसके बाद मेरे क्या कर्तव्य शेष हैं?

तब उन्हें टाटा के शब्द याद आए। कुछ दिनों की उलझन के बाद सुधा एक स्पष्ट निष्कर्ष पर पहुँचीं और पहले चरण के रूप में उन्होंने कॉलेज की नौकरी छोड़ दी। फिर वे अपने पति के पास पहुँचीं और उनसे बोलीं कि जरूरतमंदों की सहायतार्थ वे एक संस्था शुरू करना चाहती हैं।

मूर्ति भी ऐसी ही एक संस्था शुरू करने के बारे में सोच-विचार कर रहे थे। उन्होंने तत्काल व्यवस्था करनी आरंभ कर दी। दिसंबर 1996 में इन्फोसिस फाउंडेशन स्थापित हुआ। यह समाज में सबसे पिछड़ों, खासकर महिलाओं और बच्चों की सहायता और सेवा के लिए गठित एक गैर-लाभ प्राप्त संगठन था। फाउंडेशन सुधा नारायण मूर्ति के नेतृत्व में आरंभ हो गया। एन.एस. राघवन और सुधा गोपालकृष्णन भी इससे जुड़ गए; उन्हें भी समाज-सेवा से बहुत लगाव था।

मूर्ति भी ऐसी ही एक संस्था शुरू करने के बारे में सोच-विचार कर रहे थे। उन्होंने तत्काल व्यवस्था करनी आरंभ कर दी। दिसंबर 1996 में इन्फोसिस फाउंडेशन स्थापित हुआ। यह समाज में सबसे पिछड़ों, खासकर महिलाओं और बच्चों की सहायता और सेवा के लिए गठित एक गैर-लाभ प्राप्त संगठन था।

इन्फोसिस भारत के सबसे पिछड़े गाँवों में गई। वहाँ अस्पताल एवं स्कूल खोले; कंप्यूटर, पुस्तकालय एवं अन्य मौलिक सुविधाएँ उपलब्ध करवाईं। इसने होशियार छात्रों को आर्थिक सहायता दी और आश्रयहीनों के लिए मकान बनवाए।

सुधा देश भर में घूमीं-फिरीं, तरह-तरह के लोगों से मिलीं और

उनकी समस्याएँ सुनीं। इस जानकारी के आधार पर जरूरतमंदों की सहायता की गई।

फाउंडेशन के बारे में मूर्ति गर्व से बताते हैं, ''इस बारे में हमारे सभी निदेशक एकमत हैं।'' वे बात आगे बढ़ाते हैं, ''कंप्यूटर उद्योग का विकास केवल शिक्षित अभिजातों और बड़े प्रतिष्ठानों के लाभ के लिए ही नहीं है। ये लाभ समाज के सभी वर्गों तक पहुँचने चाहिए। इसलिए अपनी कमाई का एक निश्चित भाग हमने ऐसे उपयोगी कार्य के लिए अलग बचाकर रख दिया है।''

वर्षों से सुधा के नेतृत्व में कार्यरत इस फाउंडेशन ने कई प्रतिष्ठित पुरस्कार जीते हैं। उन्हें समाज-सेवा के लिए भारत और विदेशों से बीस से भी अधिक पुरस्कार हासिल हुए हैं। लेकिन इन सब प्रशस्ति-पत्रों ने भी सुधा और मूर्ति को अपने सेवा-कार्यों से विरत नहीं किया है। वे सतत अपना कार्य और हमेशा जैसी सादा जीवन-शैली जारी रखना चाहते हैं।

वर्षों से सुधा के नेतृत्व में कार्यरत इस फाउंडेशन ने कई प्रतिष्ठित पुरस्कार जीते हैं। उन्हें समाज-सेवा के लिए भारत और विदेशों से बीस से भी अधिक पुरस्कार हासिल हुए हैं। लेकिन इन सब प्रशस्ति-पत्रों ने भी सुधा और मूर्ति को अपने सेवा-कार्यों से विरत नहीं किया है।

मूर्ति और सुधा आज भी बेंगलुरु के जयनगर इलाके के एक अपार्टमेंट के एक साधारण फ्लैट में रहते हैं। उनके यहाँ कोई नौकर नहीं है, न कोई रसोइया। जहाँ तक संभव होता है, सुधा स्वयं ही खाना पकाने से लेकर घर के अन्य कार्य तक सब करती हैं; मूर्ति भी जब-तब उनका हाथ बँटाते रहते हैं। यही कारण है कि उन्हें 'कॉरपोरेट गांधी' कहा जाता है।

लेकिन भारत के एक सबसे बड़े निजी प्रतिष्ठान के एक संस्थापक

को ऐसा सादा जीवन क्यों जीना चाहिए? कम-से-कम घर की सफाई और खाना पकाने के लिए ही वे किसी को नौकरी पर क्यों नहीं रख सकते? दोनों से ये प्रश्न अकसर पूछे जाते हैं।

''हम अपनी दैनंदिन की जरूरत के लिए धन कमाते हैं। लेकिन जैसे ही वे जरूरतें पूरी हो जाती हैं, एक बिंदु पर पहुँचकर अधिक कमाना अर्थहीन हो जाता है। इसलिए ऐसी अतिरिक्त कमाई को हम एक सामाजिक बदलाव करने और मानव मात्र की सेवा के लिए अवसर के रूप में लेते हैं।'' मूर्ति ने बताया।

''हम अपनी दैनंदिन की जरूरत के लिए धन कमाते हैं। लेकिन जैसे ही वे जरूरतें पूरी हो जाती हैं, एक बिंदु पर पहुँचकर अधिक कमाना अर्थहीन हो जाता है। इसलिए ऐसी अतिरिक्त कमाई को हम एक सामाजिक बदलाव करने और मानव मात्र की सेवा के लिए अवसर के रूप में लेते हैं।''

मूर्ति की तरह इन्फोसिस के अन्य निदेशक भी समाज-सेवा में रुचि लेते हैं। उदाहरणस्वरूप, मूर्ति के दीर्घकालिक मित्र और इन्फोसिस के एक संस्थापक नंदन नीलकेनी बेंगलुरु एक्शन टास्क फोर्स (BATF) के अध्यक्ष हैं, जो शहर की बेहतरी के लिए काम करती है।

कल्याण योजनाओं और जरूरतमंदों के लिए परियोजनाओं पर इन्फोसिस लगभग 5 करोड़ रुपए वार्षिक खर्च करती है। यह सारी राशि इन्फोसिस फाउंडेशन द्वारा भारत के विभिन्न गाँवों, शहरों और पहाड़ी इलाकों के गरीबों, निराश्रितों, होशियार छात्रों और परित्यक्त महिलाओं एवं बच्चों तक पहुँचती है।

विभिन्न कल्याण योजनाएँ तीन मदों के अंतर्गत चलती हैं— स्वास्थ्य, शिक्षा और सामाजिक विकास।

जहाँ तक स्वास्थ्य की बात है, सबसे महत्वपूर्ण कार्य हैं स्वास्थ्य

शिविर चलाना एवं अस्पताल बनाना। यदि वहाँ सरकारी अस्पताल पहले से ही होते हैं तो वे उन्हें उपकरण मुहैया करवाते हैं। मूल चिकित्सा सुविधाओं से रहित इलाकों तथा अकालग्रस्त, बाढ़ और भूकंपग्रस्त क्षेत्रों में जीवन-रक्षक दवाइयाँ एवं एंबुलेंस उपलब्ध करवाई जाती हैं।

शिक्षा के क्षेत्र में फाउंडेशन ने कर्नाटक के हर ग्रामीण स्कूल में कुछ सौ पुस्तकोंवाले 5,000 से अधिक छोटे-छोटे पुस्तकालय खोले हैं। भवन-रहित स्कूलों को निर्माण, मरम्मत या पुनर्निर्माण हेतु आर्थिक मदद और होशियार छात्रों को छात्रवृत्ति दी जाती है।

फाउंडेशन उन लोगों के जीवन-स्तर को सुधारने में भी मदद करता है, जिन्हें उनके रिश्तेदार ही उत्पीड़ित करते हैं।

यह कूड़ा बीननेवाले बच्चों के पुनर्वास, वेश्यावृत्ति उन्मूलन तथा अंधविश्वासों से लड़ने के लिए योजनाएँ चलाता है; परित्यक्त वरिष्ठ नागरिकों और मानसिक रूप से विकलांग लोगों के लिए गृह-निर्माण करवाता है।

शिक्षा के क्षेत्र में फाउंडेशन ने कर्नाटक के हर ग्रामीण स्कूल में कुछ सौ पुस्तकोंवाले 5,000 से अधिक छोटे-छोटे पुस्तकालय खोले हैं। भवन-रहित स्कूलों को निर्माण, मरम्मत या पुनर्निर्माण हेतु आर्थिक मदद और होशियार छात्रों को छात्रवृत्ति दी जाती है।

साथ ही इन्फोसिस हमारी संस्कृति को परिलक्षित करनेवाले कला के विभिन्न रूपों, शिल्पकृतियों और चित्रकारियों के संरक्षण में भी रुचि लेती है। इस योजना के माध्यम से अनेक पारंपरिक कलाओं को आधुनिक रंगमंच पर प्रदर्शित किया जाता है। इसका लक्ष्य युवा पीढ़ी को हमारी संस्कृति से जोड़ना है।

मूर्ति, जो इन योजनाओं का समर्थन और वित्तीय पोषण करते हैं,

चुपचाप दूसरी महत्त्वपूर्ण समाज-सेवा से भी जुड़े हैं। भारत में उच्च शिक्षा की गुणवत्ता में सुधार के लिए वे कई तरह से शिक्षा संस्थानों की मदद करते हैं। उनका उद्देश्य हमारी उच्च शिक्षा के 'स्वर्ण युग' को वापस लाना है, जो किसी समय सर्वश्रेष्ठ और आदरणीय समझी जाती थी। उसके धीरे-धीरे खोते मूल्यों की रोकथाम करके और हमारी उच्च शिक्षा की गुणवत्ता में सुधार लाकर ऐसा कर पाना संभव है।

उच्च शिक्षा में पतन के लक्षण तत्काल उत्पन्न नहीं हुए हैं, बल्कि इनके लिए धरातल काफी पहले से ही बनने लगा था। उच्च शिक्षा संस्थानों के लिए यह अनिवार्य होना चाहिए कि वे युवा पीढ़ी के योग्य विद्वान् तैयार करें, जो हमारे देश के भविष्य की आधारशिला बनकर देश का भविष्य सजाने-सँवारने में अहम भूमिका अदा करें।

उच्च शिक्षा में आए मूल्यों के पतन का सबसे बड़ा कारण सरकार द्वारा मिलनेवाली छूट में कमी है। इसलिए अपर्याप्त सुविधाओं के कारण शिक्षा की गुणवत्ता में फिसलन आ गई है।

उच्च शिक्षा में पतन के लक्षण तत्काल उत्पन्न नहीं हुए हैं, बल्कि इनके लिए धरातल काफी पहले से ही बनने लगा था। उच्च शिक्षा संस्थानों के लिए यह अनिवार्य होना चाहिए कि वे युवा पीढ़ी के योग्य विद्वान् तैयार करें, जो हमारे देश के भविष्य की आधारशिला बनकर देश का भविष्य सजाने-सँवारने में अहम भूमिका अदा करें। इसलिए, मूर्ति को लगता है कि उच्च शिक्षा संस्थानों को फौरन पुनरुज्जीवित करने की जरूरत है।

इस उद्देश्य की पूर्ति हेतु मूर्ति करोड़ों रुपया दान कर चुके हैं। उन्होंने वी.आई.पी. और पुराने छात्रों से भी एक मोटी राशि एकत्रित की है। 'इंडियन एक्सप्रेस' में छपे एक समाचार के अनुसार, आई.आई.टी.,

कानपुर के सुधार के लिए मूर्ति ने करीब 25 करोड़ रुपए इकट्ठे किए हैं, जहाँ के वे छात्र रहे हैं।

इस राशि का उपयोग नई कक्षाएँ, हॉस्टल व ऑडिटोरियम बनवाने; आधुनिक कंप्यूटर सुविधाएँ जुटाने एवं छात्रों को पढ़ाने के लिए दुनिया भर से विद्वानों को आमंत्रित करने में किया गया है।

मूर्ति, जो श्रेष्ठ उच्च शिक्षा के महत्त्व से भली-भाँति परिचित हैं, ने अपनी कंपनी के कर्मचारियों के लिए एक उत्कृष्ट प्रशिक्षण संस्थान स्थापित करवाया है। इस प्रशिक्षण केंद्र का नाम 'इन्फोसिस लीडरशिप इंस्टीट्यूट' है, जो इन्फोसिस परिवार के नायकत्व गुण को विकसित करने में सहायता करता है। इस संस्थान में स्वयं संस्थापक से लेकर चालक तक प्रशिक्षण के लिए जाते हैं और अपने नायकत्व गुणों को निखारते हैं। यह केंद्र इन्फोसिस के लिए आगामी पीढ़ी के नेता तैयार कर रहा है।

मूर्ति के अनुसार, "नायक वह है जो हिम्मत से उस कार्य को पूरा करे जिसे दूसरे लोग असंभव समझकर टाल रहे हों।" इन्फोसिस में ऐसे बहुत से लोग हैं, जो यह करते हैं और इसलिए कंपनी बड़ी-से-बड़ी समस्याओं को भी प्रतिष्ठा के साथ सुलझा लेती है।

❑

आदर्श पथ-प्रदर्शक

प्रभावशाली व्यवसायी और उद्यमियों से लेकर युवा छात्र जैसे बहुत से भारतीय मूर्ति और सुधा को अपना आदर्श मानते हैं।

वास्तव में पिछले दस वर्षों में उनकी सफलता की कहानी सबसे बड़ी है। दोनों ने तकनीकी के प्रयोग, बहुत सी नौकरियाँ तैयार करने, धन बचाने और समाज-सेवा के क्षेत्र में पथ-प्रदर्शक के रूप में महत्त्वपूर्ण योगदान दिया है।

गांधीजी के दर्शन से प्रभावित मूर्ति ने अपने जीवन-सिद्धांत भी उन्हीं के अनुरूप तय किए हैं। स्वभाव से संकोची मूर्ति ने किसी को गुस्सा दिलानेवाली बात कभी मुँह से नहीं निकाली और उन्हें किसी भी बात पर कभी खुद भी गुस्सा नहीं आता है। वे कर्मचारियों का आदर करते हैं।

इस प्रकार जब उनकी पत्नी, संबंधी या इन्फोसिस परिवार के सदस्य कोई काम औसत अच्छा करते तो भी वे पूरे मन से उनकी प्रशंसा करते थे; यदि काम बहुत अच्छे तरीके से पूरा होता तो फिर वे तारीफ के पुल बाँध देते थे। लेकिन वे गुणवत्ता से कभी समझौता नहीं करते थे। किसी सॉफ्टवेयर की रिपोर्ट या सूचना रिपोर्ट चाहे कितनी भी अच्छी बनी हो, तब भी वे उसे और बेहतर बनाने की कोशिश करते थे।

अपने विद्यार्थी जीवन में जब वे कोई परीक्षा देकर लौटते और कोई पूछ लेता, "परीक्षा कैसी हुई?" तो वे एक ही जवाब देते थे, "बुरी

नहीं।'' अगर वे थोड़ा अलग तरह का जवाब देते थे तो उसका अर्थ होता था कि उन्हें 99 प्रतिशत अंक मिलेंगे।

अकेले आत्मसंतुष्टि के अभाव ने उन्हें ऊँचाइयों तक उठाया। अब भी, जब इन्फोसिस भारत की एक सबसे बड़ी कंपनी बन गई है, मूर्ति अब भी इसे 'विकासशील कंपनी' के नाम से बुलाना चाहते हैं।

सन् 1967 में जब मूर्ति ने अभी अपनी पूर्व स्नातक की परीक्षा उत्तीर्ण ही की थी, एक विशेष घटना ने उन्हें बेहद प्रभावित किया। अपने इंजीनियरिंग कॉलेज में प्रथम स्थान प्राप्त करने के बाद उन्होंने कर्नाटक के एक अन्य इंजीनियरिंग कॉलेज में लेक्चरर के पद के लिए आवेदन किया। उनके एक और सहपाठी ने इसी पद के लिए आवेदन किया था। मूर्ति की तुलना में उसके अंक बहुत कम थे। इसलिए मूर्ति को यकीन था कि वह नौकरी उन्हें मिल जाएगी। लेकिन कॉलेज से उन्हें साक्षात्कार तक का बुलावा नहीं मिला। कारण था कि उनका दोस्त और कॉलेज चलानेवाले लोग एक ही समुदाय के थे।

सन् 1967 में जब मूर्ति ने अभी अपनी पूर्व स्नातक की परीक्षा उत्तीर्ण ही की थी, एक विशेष घटना ने उन्हें बेहद प्रभावित किया। अपने इंजीनियरिंग कॉलेज में प्रथम स्थान प्राप्त करने के बाद उन्होंने कर्नाटक के एक अन्य इंजीनियरिंग कॉलेज में लेक्चरर के पद के लिए आवेदन किया।

उन्हें साक्षात्कार के लिए न बुलाए जाने का उतना मलाल नहीं हुआ, जितना इस पक्षपात को लेकर हुआ कि जाति के आगे उन्होंने उनकी योग्यता की भी अनदेखी कर दी।

मूर्ति का दृष्टिकोण है कि किसी भी क्षेत्र में प्रतियोगिता बहुत महत्त्वपूर्ण है। वे अकसर कहते हैं कि अकेली योग्यता ही पर्याप्त नहीं है, वरन् कार्यकर्ता को ईमानदार और न्यायसंगत ढंग से धन कमानेवाला

होना चाहिए। यही नहीं, वे कहते हैं कि हमें नियमपूर्वक अपना आयकर अदा करना चाहिए और उसमें किसी विशेष छूट की उम्मीद नहीं करनी चाहिए। खुले तौर पर ये विचार प्रकट करने पर उन्हें अन्य उद्यमियों को झुँझलाहट भी झेलनी पड़ती है।

बचपन से ही मूर्ति उच्च संस्कार लेकर बड़े हुए हैं। उनकी तेज व्यवसायी बुद्धि की तरह ही समाज कल्याण और उदारता पर भी उनके विचार बहुत चर्चित और सराहनीय रहे हैं। इन्फोसिस फाउंडेशन की सामाजिक गतिविधियों के बारे में हमने विस्तार से पढ़ा है।

बचपन से ही मूर्ति उच्च संस्कार लेकर बड़े हुए हैं। उनकी तेज व्यवसायी बुद्धि की तरह ही समाज कल्याण और उदारता पर भी उनके विचार बहुत चर्चित और सराहनीय रहे हैं। इन्फोसिस फाउंडेशन की सामाजिक गतिविधियों के बारे में हमने विस्तार से पढ़ा है।

उनके ये विचार उनके काम में भी झलकते हैं। कंपनी के लाभ को अपने सहकर्मियों और इसकी सफलता के प्रयास में लगे सभी लोगों को बाँटने की उनकी अवधारणा अनेक कंपनियों के लिए एक दृष्टांत की तरह है।

पेरिस में मूर्ति का अनुभव एवं वामपंथी विचारधारा की ओर उनका झुकाव इस योजना के लिए जरूर प्रेरणा रहे हैं। शुरू से ही उनका पूरा ध्यान देश के लिए धन कमाने पर केंद्रित था, स्वयं अमीर होने पर नहीं।

इन्फोसिस के सात में से एक संस्थापक और इसकी वृद्धि के पीछे सशक्त मार्गदर्शक के रूप में खड़े होने के बावजूद उनके पास इसके 10 प्रतिशत से भी कम शेयर हैं। यह इसलिए, ताकि मालिक और कर्मचारियों के बीच की खाई पाटी जा सके और कंपनी एक बड़े परिवार की तरह लगे।

जब कभी मूर्ति किसी महत्त्वपूर्ण आगंतुक से बात कर रहे होते

और कोई चपरासी उनके लिए पीने के लिए कोई पेय लेकर पहुँच जाता तो वे 'अपने सहकर्मी' के रूप में उसका परिचय देते थे।

मूर्ति स्वभाव से ही एक निर्मल आदमी हैं। जब इस बारे में उनसे पूछा जाता है तो वे कहते हैं, "जब हम पर कठिनाइयों के पहाड़ टूटते हैं, केवल तभी ईश्वर में हमारा भरोसा और आदर बढ़ता है। इसी प्रकार जब मेरे साथ कुछ अच्छा होता है तो उसे मैं ईश्वर की कृपा मानता हूँ।"

'कार्य दैवी है', मूर्ति इस कथन में विश्वास रखते हैं। वे हर दिन सुबह 6.30 बजे के आसपास दफ्तर पहुँचते हैं और दिन में लगभग 15 घंटे काम करते हैं, सप्ताह में लगभग 90 घंटे। इसलिए खाली समय उन्हें मुश्किल से ही मिलता है। ऐसे अल्प अवसर पर अपना समय वे संगीत सुनकर बिताते हैं। ठीक अपने पिता की तरह उन्हें भी पश्चिमी शास्त्रीय संगीत बहुत भाता है। उनके संग्रह में एक हजार से अधिक टेप और डिस्क मौजूद हैं।

'कार्य दैवी है', मूर्ति इस कथन में विश्वास रखते हैं। वे हर दिन सुबह 6.30 बजे के आसपास दफ्तर पहुँचते हैं और दिन में लगभग 15 घंटे काम करते हैं, सप्ताह में लगभग 90 घंटे। इसलिए खाली समय उन्हें मुश्किल से ही मिलता है। ऐसे अल्प अवसर पर अपना समय वे संगीत सुनकर बिताते हैं।

संगीत से अधिक मूर्ति को पुस्तकों से बेहद लगाव है। हर महीने उनके खर्च का एक बड़ा भाग पुस्तकें खरीदने पर जाता है।

बेंगलुरु में जयनगर के शांत इलाके के एक साधारण अपार्टमेंट ब्लॉक में रहनेवाले मूर्ति का दिन बहुत जल्दी शुरू हो जाता है। घर के काम और पूजा के फौरन बाद वे व्यस्त हो जाते हैं। इसके बाद अगर समय मिलता है तो वे थोड़ी बागबानी करते हैं। फिर सुबह 6 बजे काम पर चले जाते हैं, या तो कार से या कंपनी की बस से।

मूर्ति की एक दूसरी विशेषता, जिसकी बहुत से लोग सराहना करते हैं, वह है बड़े व्यवसायी बनने के बावजूद भारतीय पहचान को न खोने की उनकी चाह। यही वजह है कि वे लोगों के बीच यह बताने से नहीं हिचकते कि उनका निजी जीवन गांधीजी के दर्शन या ईश-आस्था पर आधारित है।

मूर्ति कहते हैं कि प्रत्येक भारतीय दोहरा जीवन जीता है—अपने परिवार के उत्तरदायी मुखिया के रूप में तथा दफ्तर में व्यस्त कर्मचारी के रूप में, और दोनों ही भूमिकाएँ वह असरदार ढंग से निभाता है।

मूर्ति की एक दूसरी विशेषता, जिसकी बहुत से लोग सराहना करते हैं, वह है बड़े व्यवसायी बनने के बावजूद भारतीय पहचान को न खोने की उनकी चाह। यही वजह है कि वे लोगों के बीच यह बताने से नहीं हिचकते कि उनका निजी जीवन गांधीजी के दर्शन या ईश-आस्था पर आधारित है।

कुछ लोगों के लिए यह निर्णय करना बड़ा मुश्किल हो जाता है कि कौन सी भूमिका ज्यादा अहम है और समकालीन जीवन-शैली में स्वयं को किस प्रकार से ढालना चाहिए कि उससे हमारी परंपरा व संस्कृति पर भी चोट न पहुँचे। ऐसे लोगों के लिए मूर्ति की जीवन-शैली और इन्फोसिस की सफलता अनुसरण के अच्छे उदाहरण हो सकते हैं। यह महत्त्वपूर्ण है कि न तो अंतरराष्ट्रीय स्तर पर सम्मानित प्रतिष्ठान इन्फोसिस ने, न ही इसके संस्थापकों ने अपनी भारतीय पहचान छोड़ी है।

अपने शिक्षकों का मूर्ति बहुत सम्मान करते हैं। आई.आई.टी. और आई.आई.एम. जैसी संस्थाओं में उनका क्रमिक विकास हुआ, जहाँ उन्हें योग्य शिक्षक मिले। जीवन में महत्त्वपूर्ण निर्णय लेते वक्त अनेक बार वे अपने शिक्षकों से मिले। शायद इसलिए, क्योंकि शिक्षण से मूर्ति को

बेहद लगाव था। उनके साथ निकट से जुड़े अनेक लोग बताते हैं कि भले ही वे एक व्यवसायी हैं, लेकिन दिल से वे एक शिक्षाविद् ही हैं। अपने व्यस्त दफ्तरी जीवन की वजह से मूर्ति को अपनी शैक्षणिक गतिविधियों के लिए ज्यादा वक्त नहीं मिला, इसका उन्हें थोड़ा दुःख जरूर है।

इसलिए जब भी मौका मिलता है, उसका उपयोग वे विद्यार्थियों से बात करके करते हैं। चाहे वे पहली कक्षा के छात्र हों या उच्च शिक्षा की तैयारी करने वाले, वे सबको आदर देते हैं; क्योंकि वे ही भारत के भावी शिल्पकार हैं। वे कहते हैं कि विद्यार्थियों और बच्चों को तीन शक्तियों का हमेशा आभारी रहना चाहिए—माता-पिता, शिक्षक और मातृभूमि का, जिन्होंने उनका सृजन किया है।

मूर्ति उन्हें जीवन जीने का सही मार्ग दिखाते हुए कहते हैं, ''हर स्थिति में हमें ईमानदार रहना चाहिए, कानून का सम्मान करना चाहिए, पैसा ईमानदारी से कमाना चाहिए और उसका एक निश्चित भाग पूरे मन से अच्छे कामों के लिए दे देना चाहिए।''

मूर्ति उन्हें जीवन जीने का सही मार्ग दिखाते हुए कहते हैं, ''हर स्थिति में हमें ईमानदार रहना चाहिए, कानून का सम्मान करना चाहिए, पैसा ईमानदारी से कमाना चाहिए और उसका एक निश्चित भाग पूरे मन से अच्छे कामों के लिए दे देना चाहिए।'' साथ ही वे सफलता के महत्त्वपूर्ण सिद्धांत की दृढ़ता से घोषणा करते हुए कहते हैं, ''आपको इस बात पर भरोसा होना चाहिए कि हम देश को ही क्यों, वरन् संसार को बदल सकते हैं।''

विद्यार्थियों के लिए उनका महत्त्वपूर्ण सुझाव है, ''जहाँ तक संभव हो, अपनी प्रतिभा को निखारें। फिर आप निश्चित ही ऐसे विशेषज्ञ बनेंगे, जिनका सब आदर करेंगे और फिर आप सारी दुनिया का ध्यान अपनी ओर खींच लेंगे; प्रसिद्धि के साथ-साथ पैसा, मान-सम्मान और नाम

स्वत: ही आपके पास आ जाएँगे। लेकिन सबसे महत्त्वपूर्ण है, आप अपने देश का सम्मान सबसे ऊपर रखें। यह आपका कर्तव्य है।''

मूर्ति, जो अगली पीढ़ी के एक जिम्मेदार पथ-प्रदर्शक हैं, दो महान् लोगों—महात्मा गांधी और सिंगापुर के नेता ली कुआन येव—को अपना आदर्श मानते हैं।

भारत के टिस्को (TISCO), टेल्को (TELCO), रिलायंस, बजाज और टी.वी.एस. तथा विदेशों के माइक्रोसॉफ्ट, एच.पी., एपल एवं जनरल इलेक्ट्रिक वे औद्योगिक प्रतिष्ठान हैं, जिनकी वे सबसे ज्यादा सराहना करते हैं।

अन्य व्यवसायों की अपेक्षा सूचना तकनीकी के क्षेत्र में, जिससे मूर्ति जुड़े हैं, स्थिति कुछ-कुछ अनिश्चित है। कल तक जो आदमी लाखों में कमाता था, आज अपनी नौकरी से हाथ धो सकता है; जिस कंपनी ने पिछले साल मोटा मुनाफा कमाया हो, इस साल दिवालिया हो सकती है या पहले से अच्छा कर सकती है; इस अनिश्चित स्थिति से प्राय: सभी नाखुश हैं।

अन्य व्यवसायों की अपेक्षा सूचना तकनीकी के क्षेत्र में, जिससे मूर्ति जुड़े हैं, स्थिति कुछ-कुछ अनिश्चित है। कल तक जो आदमी लाखों में कमाता था, आज अपनी नौकरी से हाथ धो सकता है; जिस कंपनी ने पिछले साल मोटा मुनाफा कमाया हो, इस साल दिवालिया हो सकती है या पहले से अच्छा कर सकती है; इस अनिश्चित स्थिति से प्राय: सभी नाखुश हैं।

लेकिन मूर्ति का मानना है कि ऐसी ऊँच-नीच सभी के लिए आवश्यक है। ''उगडी (तेलुगु नववर्ष दिवस) के दिन हम मीठा गुड़ और कड़वे नीम की नरम पत्तियाँ साथ-साथ खाते हैं; इसी तरह जीवन में भी हमें अच्छाइयों और बुराइयों दोनों को स्वीकार करना चाहिए।''

जब चंदन तस्कर वीरप्पन ने अभिनेता राजकुमार का अपहरण किया तो कहा जाता था कि मूर्ति का नाम भी उसकी हिट लिस्ट में शामिल था। तब सरकार ने उन्हें 'जेड' श्रेणी की सुरक्षा देने की पेशकश की थी। उन्होंने कहा था कि अन्य उद्योगपतियों की तरह वे किसी एकांत बँगले में नहीं रहते। उनका घर एक अपार्टमेंट ब्लॉक में है, जहाँ और भी परिवार रहते हैं। अगर वे सुरक्षा लेंगे तो अपार्टमेंट परिसर गाड़ियों और हथियारबंद सुरक्षाकर्मियों से भर जाएगा। इससे वहाँ रहनेवाले अन्य परिवारों को परेशानी होगी। इसलिए उस सुरक्षा पेशकश को उन्होंने ठुकरा दिया।

मूर्ति को निजी या दफ्तरी जीवन में पैसों की बरबादी कभी पसंद नहीं रही। कार्य-दिवसों में जहाँ तक संभव होता है, वे सहकर्मियों के साथ कैंटीन में खाना खाते हैं, यात्रा के दौरान द्वितीय श्रेणी में चलते हैं और आरामदेह लेकिन संतुलित किराएवाले होटलों में ठहरते हैं। मूर्ति की ये आदतें ही इन्फोसिस के नियम बन गए।

मूर्ति को निजी या दफ्तरी जीवन में पैसों की बरबादी कभी पसंद नहीं रही। कार्य-दिवसों में जहाँ तक संभव होता है, वे सहकर्मियों के साथ कैंटीन में खाना खाते हैं, यात्रा के दौरान द्वितीय श्रेणी में चलते हैं और आरामदेह लेकिन संतुलित किराएवाले होटलों में ठहरते हैं।

यह एक सच्चाई है कि चाहकर भी मूर्ति स्वयं को अनावश्यक खर्च या फिजूलखर्ची की ओर नहीं धकेल सकते थे, क्योंकि उन्होंने गरीबी में जीने की पीड़ा भोगी थी। जिस दौर में उनके पास पैसों का अभाव था, तब भी वे इन्हें सँभालकर खर्च करते थे। इसलिए अब जब उनके पास पर्याप्त पैसा है, यह उन्हें बरगला नहीं पाता है।

उनके बच्चे भी पैसों की अहमियत समझते हुए बड़े हुए हैं।

हालाँकि वे धनी-मानी परिवार से हैं, फिर भी मूर्ति जोर देते हैं कि वे अन्य बच्चों की तरह बस से यात्रा करें। इसी प्रकार जब वे पैसा माँगते हैं तो सुधा उनसे हिसाब लेना नहीं भूलतीं। वे नहीं चाहते कि अपनी हैसियत के कारण उनके बच्चे उड़ाऊ-खाऊ या घमंडी बनें।

आमतौर पर व्यवसायी अपना ध्यान अपने काम पर ही केंद्रित रखते हैं। वे मुश्किल से किसी सामाजिक समस्या या झगड़े में दखलंदाजी करते हैं। यदि कभी करते भी हैं तो तब जब समस्या उनके व्यवसाय से जुड़ी हो। लेकिन मूर्ति इसके एक अपवाद हैं। समाज से जुड़े किसी भी विवाद या समस्या को उठाने में वे जरा भी नहीं हिचकते हैं।

उदाहरणस्वरूप, कुछ भ्रष्टाचारियों की पहचान कर लेने के कारण बिहार के राजमार्ग विभाग में कार्यरत इंजीनियर सत्येंद्र कुमार दुबे की हत्या कर दी गई, तो दोषी को सजा देने की सबसे पहली माँग मूर्ति द्वारा ही की गई थी।

मूर्ति आरक्षण के विरुद्ध भी बोलते रहते हैं। वे मानते हैं कि आरक्षण जाति-आधारित नहीं, बल्कि आर्थिक स्थिति के आधार पर होना चाहिए। वे निजी प्रतिष्ठानों में भी आरक्षण के विरोधी हैं। ऐसे विचारों के विरोध के बावजूद वे अपने विचारों को लोगों के बीच में कहने से हिचकते नहीं हैं।

मूर्ति आरक्षण के विरुद्ध भी बोलते रहते हैं। वे मानते हैं कि आरक्षण जाति-आधारित नहीं, बल्कि आर्थिक स्थिति के आधार पर होना चाहिए। वे निजी प्रतिष्ठानों में भी आरक्षण के विरोधी हैं। ऐसे विचारों के विरोध के बावजूद वे अपने विचारों को लोगों के बीच में कहने से हिचकते नहीं हैं।

मूर्ति आई.आई.एम., अहमदाबाद के अध्यक्ष रह चुके हैं। भारतीय जनता पार्टी के नेतृत्व में बनी सरकार ने वर्ष 2004 में घोषणा की थी कि

आई.आई.एम. की फीस में कटौती की जाएगी, ताकि गरीब छात्रों को उनमें प्रवेश मिल सके। सभी आई.आई.एम. के निदेशकों ने इस घोषणा का विरोध किया। उन्हें लगा कि फीस में कटौती से आई.आई.एम. की आय भी घटेगी और सरकार द्वारा घाटे की क्षतिपूर्ति से आई.आई.एम. के प्रबंधन में सरकारी हस्तक्षेप बढ़ेगा।

एक विवाद उठ खड़ा हुआ और आई.आई.एम. के निदेशकों को गलत वित्तीय प्रबंधन के झूठे आरोप में फँसा दिया गया। मूर्ति ने राजनेताओं के आगे हार नहीं मानी और आई.आई.एम. के तथ्य सामने रखे। मुकदमा सर्वोच्च न्यायालय में गया। लेकिन इससे पहले कि समस्या का कोई हल निकलता, भाजपा चुनाव हार गई और नई सरकार ने सभी आई.आई.एम. द्वारा भेजे गए नए प्रस्ताव स्वीकार कर लिये। इस योजना के अंतर्गत आई.आई.एम. की फीस में कटौती नहीं हो सकती थी बल्कि गरीब छात्रों के लिए छात्रवृत्ति बढ़ाई गई, ताकि वे आई.आई.एम. में बिना परेशानी के दाखिला ले सकें। इस योजना ने आई.आई.एम. जैसी संस्थाओं की स्वायत्तता बरकरार रखी और सरकार के प्रत्यक्ष नियंत्रण का भय भी दूर कर दिया।

एक विवाद उठ खड़ा हुआ और आई.आई.एम. के निदेशकों को गलत वित्तीय प्रबंधन के झूठे आरोप में फँसा दिया गया। मूर्ति ने राजनेताओं के आगे हार नहीं मानी और आई.आई.एम. के तथ्य सामने रखे। मुकदमा सर्वोच्च न्यायालय में गया।

मूर्ति के विभिन्न सामाजिक समस्याओं में दखल देने और उनमें रुचि लेने की वजह से लोग कहने लगे हैं कि वे एक अंशकालिक राजनेता हैं। लेकिन वे इसे मजाक की तरह नहीं कहते हैं। वास्तव में बहुत से लोग चाहते हैं कि उन जैसे बुद्धिजीवी एवं महान् विचारक को राजनीति में उतरना चाहिए, क्योंकि उनकी स्पष्ट अवधारणा है कि देश ने क्या

हासिल किया है और इसे क्या हासिल करने की जरूरत है।

मूर्ति की चिंता है, ''हमारी स्वतंत्रता के इतने वर्षों बाद देश ने बहुत तरक्की की है—हमने बहुत से उद्योग-धंधे स्थापित किए हैं, अंतरिक्ष में रॉकेट और उपग्रह भेजे हैं। लेकिन सभी लोगों तक उनकी मौलिक जरूरतें नहीं पहुँची हैं।''

हमने अपने मानव संसाधन का ठीक से विकास नहीं किया है। हमने अच्छे नेता नहीं बनाए हैं। यह सबसे बड़ी समस्या है।''

मूर्ति को लगता है—इसी प्रकार व्यवसाय में, भारत में निर्मित उत्पाद और सेवाएँ विश्व स्तरीय कसौटी के अनुरूप हों। भारतीय उद्योगों को तब तक ऊँचा उठाना होगा, जब तक कि वे विश्व स्तरीय मुकाबले तक न पहुँच जाएँ।

मूर्ति अपना सपना बताते हुए कहते हैं, ''यहाँ जन्म लेनेवाले हरेक शिशु को आवश्यक रूप से पर्याप्त भोजन, समुचित चिकित्सा सुविधाएँ, मकान और शिक्षा मिलनी चाहिए।''

मूर्ति को लगता है—इसी प्रकार व्यवसाय में, भारत में निर्मित उत्पाद और सेवाएँ विश्व स्तरीय कसौटी के अनुरूप हों। भारतीय उद्योगों को तब तक ऊँचा उठाना होगा, जब तक कि वे विश्व स्तरीय मुकाबले तक न पहुँच जाएँ।

''हमारे देश में कौशल की कमी नहीं है; लेकिन हम खुद ही उन्नति के मार्ग में बाधा उत्पन्न कर उसे बरबाद कर देते हैं। हमें अन्य विकसित देशों का निरीक्षण करना होगा, उनकी सफलता के रहस्य जानने होंगे और उन्हीं के अनुरूप अपने मानस को ढालना होगा।''

भारत को दुनिया का सबसे अच्छा देश बनाने के लिए मूर्ति के पास ऐसे विचारों की कमी नहीं है।

क्या मूर्ति, जो देश के प्रति इतने जज्बे से बात करते हैं, गंभीरता से राजनीति में कूदेंगे या क्या वे भी अन्य बुद्धिजीवियों की तरह यह कहते

हुए कि 'राजनीति दुर्गंधयुक्त है', इससे किनारा कर लेंगे ?

जब मूर्ति से इस बारे में पूछा गया, उन्होंने सपाट स्वर में कहा, ''इस समय राजनीति में कूदने में मुझे कोई दिलचस्पी नहीं है।''

कई साल पहले उनके पुत्र रोहन ने उनसे पूछा था, ''आजादी के कठिन युद्ध में हम सफल रहे हैं। लेकिन आजादी के बाद लोग सभी राजनीतिक और सामाजिक लड़ाइयाँ हार रहे हैं, क्यों ?''

जब अपने देश की आजादी के लिए सब लोग एक साथ मिलकर लड़े थे, तब लोग हर तरह का बलिदान देने के लिए तैयार थे। लेकिन आजादी के बाद जब हमारी खुद की सरकार बनी, उन्होंने देखा कि यहाँ धन-दौलत भरी पड़ी है और ठगी के भी बहुत से रास्ते मौजूद हैं। उसके बाद देश के कल्याण पर निजी स्वार्थ हावी हो गया।

मूर्ति का जवाब वर्तमान राजनीति के प्रति उनके मोह-भंग को प्रकट करता है।

''जब अपने देश की आजादी के लिए सब लोग एक साथ मिलकर लड़े थे, तब लोग हर तरह का बलिदान देने के लिए तैयार थे। लेकिन आजादी के बाद जब हमारी खुद की सरकार बनी, उन्होंने देखा कि यहाँ धन-दौलत भरी पड़ी है और ठगी के भी बहुत से रास्ते मौजूद हैं। उसके बाद देश के कल्याण पर निजी स्वार्थ हावी हो गया। कुछेक को छोड़कर सभी सरकारी कर्मचारी भ्रष्ट हो चुके हैं।''

उनके शब्दों की तर्कसंगतता को देखकर कई लोगों के मन में उम्मीद जागी है कि इस स्थिति को बदलने के लिए वे कुछ करेंगे। इसलिए जब वर्ष 2002 में भारत के राष्ट्रपति के चुनाव घोषित हुए तो मूर्ति के कुछ प्रशंसकों ने इस निवेदन के साथ एक आंदोलन शुरू किया कि मूर्ति को भारत का अगला राष्ट्रपति बनाया जाना चाहिए। इनमें

से अधिकतर लोग सॉफ्टवेयर क्षेत्र से जुड़े थे। उनका अभियान इस दृष्टिकोण को लेकर था कि एक पूर्णकालिक राजनेता के स्थान पर लोग आधुनिक नजरिएवाले और अपनी संस्कृति व परंपराओं का आदर करनेवाले मूर्ति को पसंद कर सकते हैं। कोई उन्हें उनकी दूरदृष्टि और स्पष्ट सोच के साथ देश को सही मार्ग पर ले जानेवाले के रूप में देखकर पसंद कर सकता है।

इसके लिए एक वेबसाइट भी शुरू की गई, ताकि समान विचारवाले लोगों को इस अभियान के साथ जोड़ा जा सके। लेकिन कई कारणों से यह अभियान चल नहीं पाया। चूँकि राष्ट्रपति के चुनाव में आम जनता प्रत्यक्ष मतदान नहीं कर सकती, इसलिए बिना राजनीतिक दलों के समर्थन के इस अभियान को लेकर लक्ष्य नहीं पाया जा सकता था। और जब लोग यह जानने को उत्सुक हुए कि क्या मूर्ति भी इससे सहमत थे, इसी के साथ तेजी से शुरू हुआ अभियान उसी तेजी से समाप्त हो गया। मूर्ति ने वह चुनाव नहीं लड़ा।

इसके लिए एक वेबसाइट भी शुरू की गई, ताकि समान विचारवाले लोगों को इस अभियान के साथ जोड़ा जा सके। लेकिन कई कारणों से यह अभियान चल नहीं पाया। चूँकि राष्ट्रपति के चुनाव में आम जनता प्रत्यक्ष मतदान नहीं कर सकती, इसलिए बिना राजनीतिक दलों के समर्थन के इस अभियान को लेकर लक्ष्य नहीं पाया जा सकता था।

लेकिन एक तरह से यह तो कहा ही जा सकता था कि वह अभियान सफल रहा था; क्योंकि जैसा वे चाहते थे, एक गैर-राजनीतिज्ञ, एक वैज्ञानिक ए.पी.जे. अब्दुल कलाम भारत के चौदहवें राष्ट्रपति बने।

पिछले दिनों जब कांग्रेस ने मनमोहन सिंह की अगुवाई में सरकार बनाई तो यह खबर उड़ी थी कि मूर्ति को उद्योग या वित्त मंत्री बनाया जा

सकता है। लेकिन ऐसा कुछ नहीं हुआ।

अब तक मूर्ति पूरी तरह अपने काम में डूबे और राजनीति से एक निरापद दूरी बनाए हुए हैं। हालाँकि उन्होंने किसी राजनीतिक भूमिका को यह कहकर खारिज नहीं किया है कि भविष्य में वे राजनीति में नहीं कूदेंगे या सरकारी जिम्मेदारी नहीं सँभालेंगे। तब तक हमेशा की तरह एक भले और जिम्मेदार नागरिक की भाँति वे अपने विचार व्यक्त करते रहेंगे। ❑

यात्रा

जनवरी 1999 में अखबारों में रिपोर्ट छपी—पिछले वर्ष (1998) की आखिरी तिमाही में इन्फोसिस की आय 90 प्रतिशत बढ़ी और इस तरह इसका लाभ बढ़कर दुगुना हो गया। यह खबर लगभग सभी अखबारों में छपी।

भारत में बहुत सी कंपनियाँ अच्छा कर रही थीं और लाभ कमा रही थीं। लेकिन अकेली इन्फोसिस की आमदनी ही सुर्खियाँ क्यों बनी? विशेषज्ञों ने यह तो निष्कर्ष निकाला था कि इन्फोसिस हरेक तिमाही में ज्यादा कमाएगी और उनका अनुमान ठीक भी निकला, कंपनी की कमाई हुई, लेकिन उनके अनुमान से बहुत अधिक। इसलिए यह स्वाभाविक था कि लोग ऐसी कंपनी की सफलता के बारे में पढ़ना चाहेंगे, जो हर बार उम्मीद से बेहतर करती हो।

दूसरा और सबसे प्रमुख कारण था कि इन्फोसिस के शेयरों में बहुत से लोगों ने निवेश कर रखा था और यह खबर उन्हें खुश करती थी। इन्फोसिस के ऊपर चढ़ने से उनके शेयरों की कीमत भी बढ़ती है और अपने निवेश से उन्हें अधिक लाभ मिलता है।

जब सन् 1993 में इन्फोसिस ने पहली बार अपने शेयर जारी किए तो प्रति शेयर मूल्य 95 रुपए था। सन् 1999 के आरंभ में मूल्य बढ़कर 13,952 रुपए हो गया, जो लाभ की दृष्टि से मूल कीमत से 146 गुना से भी अधिक था।

तब तक इन्फोसिस कई गुना बढ़ चुकी थी; फिर भी किसी मायने

में सन् 1999 एक महत्त्वपूर्ण वर्ष रहा। लोग और व्यवसाय विशेषज्ञ, जिनकी इन्फोसिस पर नजर थी, जो तब तक 'केवल इसे इकलौती सफल कंपनी समझते थे', इसे विस्मय से देखने लगे।

किसी मायने में कंपनी की छवि के लिए यह अच्छा ही था; लेकिन लोगों की उम्मीदें बढ़ने पर यह खतरनाक हो सकता था। जैसे क्रिकेट के प्रशंसक सचिन तेंदुलकर से यह उम्मीद करते हैं कि बैटिंग करते समय हर बार वे शतक जड़ें, इसी प्रकार आम लोग और विशेषज्ञ इन्फोसिस के शेयरों के मूल्य में भारी बढ़ोतरी की उम्मीद करने लगेंगे। लेकिन क्या कंपनी इन उम्मीदों पर हमेशा खरी उतर सकेगी?

किसी मायने में कंपनी की छवि के लिए यह अच्छा ही था; लेकिन लोगों की उम्मीदें बढ़ने पर यह खतरनाक हो सकता था। जैसे क्रिकेट के प्रशंसक सचिन तेंदुलकर से यह उम्मीद करते हैं कि बैटिंग करते समय हर बार वे शतक जड़ें, इसी प्रकार आम लोग और विशेषज्ञ इन्फोसिस के शेयरों के मूल्य में भारी बढ़ोतरी की उम्मीद करने लगेंगे।

इस सवाल ने मूर्ति को लंबे समय तक परेशान किया। शुरुआती दस वर्षों के संघर्ष के बाद अगले दस वर्ष इन्फोसिस के लिए बहुत अच्छे रहे। लेकिन अपनी तेजी यह कब तक बनाए रख सकेगी? अगर तेज गति के अनुरूप इसने स्वयं को नहीं बदला तो कुछ हद तक कंपनी को परेशानी उठानी पड़ सकती है।

अंत में मूर्ति इस निष्कर्ष पर पहुँचे कि इन्फोसिस की यह तेजी बरकरार रखने और निवेशकों, ग्राहकों, सरकार तथा प्रेक्षकों को खुश रखने के लिए कुछ-न-कुछ जरूर किया जाना चाहिए।

सबसे पहले, इन्फोसिस को अमेरिकी शेयर बाजार में सूचित होना होगा। इन्फोसिस को सॉफ्टवेयर सेवा के अखाड़े में एक वैश्विक

सम्मानित कंपनी के रूप में स्थापित होने के लिए यह पहला कदम होगा।

दूसरा, जहाँ तक अंतरराष्ट्रीय ग्राहकों का संबंध है, इन्फोसिस एक भारतीय कंपनी मानी जाती है; लेकिन तब इसे अंतरराष्ट्रीय दर्जा प्राप्त होगा। अर्थात् भारत में सॉफ्टवेयर केंद्र और दफ्तर तथा बहुत से देशों में सेवा ग्राहकों को बनाए रखने के साथ-साथ इन्फोसिस के दफ्तर उन देशों में भी खोले जाने चाहिए, जहाँ ऐसे अवसर मौजूद हों। इससे काम तेजी से और संबद्ध देशों के ग्राहकों की इच्छानुसार करना संभव होगा।

इन तीन महत्त्वपूर्ण मुद्दों को उठाने के बाद मूर्ति को यह भी लगा कि धुरी को घुमाए रखने के लिए यह अनुकूल समय था। उसी साल मूर्ति ने ये लक्ष्य अर्जित कर लिये। अकेले सन् 1999 में इन्फोसिस ने 1,000 लाख डॉलर की आय अर्जित की।

तीसरा, नए दफ्तर खोलकर ही इति नहीं समझ लेना होगा, बल्कि इन्फोसिस को सचमुच वैश्विक उपक्रम बनाने के लिए युक्तियाँ जारी रखनी होंगी।

इन तीन महत्त्वपूर्ण मुद्दों को उठाने के बाद मूर्ति को यह भी लगा कि धुरी को घुमाए रखने के लिए यह अनुकूल समय था। उसी साल मूर्ति ने ये लक्ष्य अर्जित कर लिये। अकेले सन् 1999 में इन्फोसिस ने 1,000 लाख डॉलर की आय अर्जित की।

इन्फोसिस ने संयुक्त राज्य अमेरिका, कनाडा और इंग्लैंड में पहले ही अपने दफ्तर खोल लिये थे। इस वर्ष जर्मनी, स्वीडन, बेल्जियम और ऑस्ट्रेलिया सहित अन्य कई देशों में नए दफ्तर खोले गए। संयुक्त राज्य अमेरिका में दो और नए दफ्तर खोले गए।

पूरे साल इन्फोसिस सराहना और सम्मान की बहुत सी सुखद खबरों में छाया रहा; खासकर यह खबर सुर्खी बनी कि इन्फोसिस

अमेरिकी शेयर बाजार में सूचित होनेवाली पहली भारतीय कंपनी बन गई थी।

मार्च 1999 में इन्फोसिस अमेरिकी नैसडेक (NASDAK) (नेशनल एसोसिएशन ऑफ सिक्यूरिटीज डीलर्स ऑटोमेटेड कोटेशंस) शेयर बाजार की सूची में भी शामिल हो गई। आई.एन.एफ.वाई. (INFY) से चिह्नित इसका तत्कालीन शेयर मूल्य लगभग 10 डॉलर था।

उस वर्ष 'दि इकोनॉमिक टाइम्स' के एक सर्वेक्षण में इन्फोसिस को भारत की सबसे प्रतिष्ठित एवं सराहनीय कंपनी के रूप में पहचान मिली। इन्फोसिस को कैपेबिलिटी मैच्युरिटी मॉडल (CMM) स्तर 5 गुणवत्ता प्रमाणपत्र एक अन्य सम्मान के रूप में सॉफ्टवेयर इंजीनियरिंग इंस्टीट्यूट (SEI) द्वारा प्राप्त हुआ। इससे इन्फोसिस सी.एम.एम. स्तर 5 की सॉफ्टवेयर कंपनी बन गई और ऐसे प्रमाणपत्र वाली एक उच्च स्तरीय कंपनी की श्रेणी में शामिल हो गई।

उस वर्ष 'दि इकोनॉमिक टाइम्स' के एक सर्वेक्षण में इन्फोसिस को भारत की सबसे प्रतिष्ठित एवं सराहनीय कंपनी के रूप में पहचान मिली। इन्फोसिस को कैपेबिलिटी मैच्युरिटी मॉडल (CMM) स्तर 5 गुणवत्ता प्रमाणपत्र एक अन्य सम्मान के रूप में सॉफ्टवेयर इंजीनियरिंग इंस्टीट्यूट (SEI) द्वारा प्राप्त हुआ।

इन्फोसिस के शेयरों के बाजार मूल्य में उछाल से न केवल आम लोग लाभान्वित हुए, जिन्होंने उनमें निवेश किया था, बल्कि हजारों इन्फोसिस कर्मचारी भी लाभान्वित हुए, चूँकि उन्हें इंप्लॉयी स्टॉक ऑप्शन प्लान (ESOP) योजना के माध्यम से शेयर आवंटित किए गए थे। उनमें से कई लोग लखपति बन गए।

किसी भारतीय सॉफ्टवेयर कंपनी द्वारा पहली बार लागू की गई

ई.एस.ओ.पी. योजना के माध्यम से सन् 1994 में 2,575, 1998 में 1,491 और 1999 में 18,000 से अधिक लोग लाभान्वित हुए।

आइए, सन् 2000 में किए गए एक लघु आकलन पर दृष्टि डालते हैं— इन्फोसिस में उस समय कर्मचारियों की तत्कालीन संख्या 7000 थी। ई.एस.ओ.पी. योजना के अंतर्गत उनके पास जो शेयर थे उनका बाजार मूल्य से आकलन होता था। यह पाया गया कि उनमें से लगभग 2,000 लोगों ने 10 लाख रुपए से अधिक मूल्य के शेयर खरीद रखे थे। इन 2,000 में से, लगभग 650 कर्मचारियों के पास 1 करोड़ रुपए से अधिक के शेयर थे।

यह बात परियों की कहानी जैसी लगती है। इन्फोसिस के बहुत से कर्मचारी तब मध्य वर्गीय परिवारों से आते थे और उनका एकमात्र निवेश उनकी प्रतिभा थी, जिससे वे कड़ी मेहनत करते थे; इन्फोसिस ने उनमें अपने लाभ को वितरित करके उन्हें लखपति बनने का सुखद सुअवसर प्रदान किया।

यह बात परियों की कहानी जैसी लगती है। इन्फोसिस के बहुत से कर्मचारी तब मध्य वर्गीय परिवारों से आते थे और उनका एकमात्र निवेश उनकी प्रतिभा थी, जिससे वे कड़ी मेहनत करते थे; इन्फोसिस ने उनमें अपने लाभ को वितरित करके उन्हें लखपति बनने का सुखद सुअवसर प्रदान किया।

इन्फोसिस के शेयरों से अमीर बननेवालों में एक कैंटीन मालिक और दफ्तर के कुछ कार चालक भी शामिल थे। यद्यपि वर्ष 2004 में प्रशासनिक कारणों से ई.एस.ओ.पी. योजना बंद कर दी गई।

इन्फोसिस अपने वर्तमान और भावी ग्राहकों के सामने स्वयं को एक विश्वव्यापी उपक्रम के रूप में प्रस्तुत करना चाहती थी, इसलिए उसने फ्रांस, हांगकांग, यू.ए.ई., अर्जेंटीना, नीदरलैंड, सिंगापुर और स्विट्जरलैंड

में कार्यालय खोलने का क्रम जारी रखा।

साथ ही इन्फोसिस ने भारत में भी अपने कार्य जारी रखे। बेंगलुरु में मुख्यतः इन्फोसिस का मुख्यालय स्थित होने के कारण ही इस शहर का नाम 'सिलिकॉन सिटी' पड़ा। अब राजनेताओं और महत्त्वपूर्ण व्यवसायियों की दक्षिण, खासकर इन्फोसिस परिसर की यात्रा की आदत-सी पड़ गई है। ऐसे आगंतुकों में माइक्रोसॉफ्ट के मुख्य कार्यकारी अधिकारी (CEO) बिल गेट्स, जापानी प्रधानमंत्री योशिरो मोरी और अन्य बहुत से लोग शामिल हैं।

सन् 1999 में इन्फोसिस की वार्षिक आमदनी 100 लाख डॉलर थी, जो वर्ष 2004 में बढ़कर 1,000 लाख डॉलर हो गई। भारतीय परिप्रेक्ष्य में वर्ष 2003–04 में सॉफ्टवेयर सेवाओं से हुई आय 4,760 करोड़ रुपए थी। वर्ष 2004–05 में अर्जित आय 6,860 करोड़ रुपए थी।

इन्फोसिस की शुरुआत सात लोगों के साथ एक छोटे से कक्ष से हुई थी। आज भारत के सभी प्रमुख शहरों और अनेक देशों में इसके कार्यालय हैं, जिनमें 90,000 से अधिक कर्मचारी कार्यरत हैं। इसकी आमदनी का अधिकतर हिस्सा विदेशी ग्राहकों से आता है। इसलिए शुरू से ही मूर्ति इस बात पर जोर देते रहे हैं कि इन्फोसिस के सॉफ्टवेयर और संबद्ध सेवाएँ 'विश्व स्तरीय' होनी चाहिए।

❑

भारतीय सॉ टवेयर उद्योग एवं इन्फोसिस

जब सन् 1981 में इन्फोसिस ने दुकान खोली, 1990 तक का समय इसके लिए बेहद कठिनाइयों भरा रहा। इसके बाद एकाएक इन्फोसिस और बाकी सभी भारतीय सॉफ्टवेयर कंपनियाँ अंतरराष्ट्रीय बाजार में बड़ी खिलाड़ी बन गईं। इस अचानक हुए दृश्य-परिवर्तन के पीछे के कारण दिलचस्प और सूचनाप्रद दोनों ही हैं।

1990 के दशक में संयुक्त राज्य अमेरिका ने व्यावसायिक कार्यकलाप हेतु बड़े स्तर पर कंप्यूटर बाजार में उतारे। इस पहल का अनुसरण करते हुए कई यूरोपीय देशों ने व्यापक रूप से कंप्यूटर का इस्तेमाल आरंभ कर दिया। जापान, कोरिया, सिंगापुर और ऑस्ट्रेलिया जैसे अन्य विकसित देश भी अधिकतर कंप्यूटर पर निर्भर हो गए।

1980 के दशक में एक सॉफ्टवेयर कंपनी अपने ग्राहक के दफ्तर में जाकर उनका अनुसरण करती, वहीं सॉफ्टवेयर बनाकर उनका परीक्षण करती और तब जाकर उसे ग्राहक के दफ्तर में इंस्टॉल करती थी। यह सब 1990 के दशक में तेज कंप्यूटरीकरण के दौर में सहायक नहीं था।

इसके बाद 1990 के दशक में इंटरनेट तकनीकी ने दस्तक दी। लोग अलग-अलग जगहों पर कंप्यूटर के सामने बैठकर कंप्यूटर से जुड़े नेटवर्क के माध्यम से एक-दूसरे से संवाद और परस्पर सूचना आदान-प्रदान कर सकते थे।

भारत में यह तकनीकी सन् 1995 में लोकप्रिय हुई और इसके बाद

बहुत तेजी से विकसित हुई। इंटरनेट मूलतः सॉफ्टवेयर कंपनियों को इस योग्य बनाता है कि वे अलग-अलग स्थानों पर अपने दफ्तर खोलकर भी एक-दूसरे से जुड़ी रहें।

लेकिन भारतीय सॉफ्टवेयर में उछाल के पीछे तकनीकी ही एकमात्र पर्याप्त कारण नहीं था। Y2K समस्या के कारण वर्ष 2000 भारतीय सॉफ्टवेयर उपक्रमों के उन्नयन में एक पहला महत्त्वपूर्ण चरण था। समस्या की चर्चा वर्ष 2000 आने के चार-पाँच वर्ष पहले से ही आरंभ हो गई थी।

उन दिनों बैंक और जीवन बीमा कंपनियों जैसे अमेरिकी और यूरोपीय वित्त संस्थान कंप्यूटरों के मुख्य प्रयोगकर्ता थे। और कई देशों की सरकारों ने अपने कुछ महत्त्वपूर्ण विभागों को कंप्यूटरीकृत कर रखा था। बहुसंख्यक कर्मचारियोंवाली कई बड़ी कंपनियों ने भी अपने रिकॉर्ड का कंप्यूटरीकरण कर रखा था।

Y2K समस्या क्या थी ? 1970 के दशक में वर्ष को सूचित करने के लिए सॉफ्टवेयर प्रोग्राम केवल दो अंकों का प्रयोग करते थे। जैसे वर्ष 1978 के लिए '78' का इस्तेमाल किया गया था। लेकिन प्रोग्रामरों को यह ज्ञात नहीं था कि वर्ष 2000 के बाद यह समस्या उत्पन्न हो जाएगी कि 78 को 1978 की तरह लें या 2078 की तरह।

उन दिनों बैंक और जीवन बीमा कंपनियों जैसे अमेरिकी और यूरोपीय वित्त संस्थान कंप्यूटरों के मुख्य प्रयोगकर्ता थे। और कई देशों की सरकारों ने अपने कुछ महत्त्वपूर्ण विभागों को कंप्यूटरीकृत कर रखा था। बहुसंख्यक कर्मचारियोंवाली कई बड़ी कंपनियों ने भी अपने रिकॉर्ड का कंप्यूटरीकरण कर रखा था।

Y2K समस्या ने उन सभी को भयभीत कर दिया। यह कंप्यूटर-आधारित गणना को तहस-नहस कर सकता था। क्या होगा, यदि किसी

ग्राहक का ब्याज आकलित करने पर नतीजा नकारात्मक आया? जब सरकार पेंशन की गणना करे और कंप्यूटर गलत हिसाब दिखाए तो क्या किया जा सकता था? समस्या का हल क्या था?

भारत के पास इसका जवाब था। भारत में बहुत से इंजीनियरिंग कॉलेजों के साथ-साथ भारतीय संस्थानों में मास्टर ऑफ कंप्यूटर एप्लीकेशंस (MCA) जैसे डिग्री कोर्स और अन्य कंप्यूटर कोर्स चलते थे। पाठ्यक्रम के अलावा कोबोल (COBOL) कंप्यूटर लैंग्वेज भी पढ़ाई जाती थी, जिसे सब भूल चुके थे।

वर्ष 1995 से 2000 तक भारतीय सॉफ्टवेयर कंपनियों ने Y2K समस्या का हल प्रस्तुत कर अच्छी कमाई की। उनमें से प्रमुख कंपनियाँ टी.सी.एल., इन्फोसिस, विप्रो और सत्यम कंप्यूटर्स थीं। Y2K समस्या भारतीय सॉफ्टवेयर उद्योग के लिए एक निर्णायक मोड़ साबित हुई, जिससे इस क्षेत्र की अभूतपूर्व उन्नति हुई।

Y2K समस्या का मुख्य कारण था कि शुरुआती दशकों में अधिकतर कंप्यूटर प्रोग्राम कोबोल में लिखे गए थे। 1990 के दशक में अमेरिका और यूरोप में ऐसे मुट्ठी भर लोग बाकी थे, जिन्हें यह लैंग्वेज ज्ञात थी। लेकिन भारत में बहुत से लोगों का इस लैंग्वेज पर अधिकार था; वे Y2K समस्या द्वारा उत्पन्न आपदा से निबटने के लिए सॉफ्टवेयर प्रोग्राम को पुन: लिख सकते थे।

वर्ष 1995 से 2000 तक भारतीय सॉफ्टवेयर कंपनियों ने Y2K समस्या का हल प्रस्तुत कर अच्छी कमाई की। उनमें से प्रमुख कंपनियाँ टी.सी.एल., इन्फोसिस, विप्रो और सत्यम कंप्यूटर्स थीं। Y2K समस्या भारतीय सॉफ्टवेयर उद्योग के लिए एक निर्णायक मोड़ साबित हुई, जिससे इस क्षेत्र की अभूतपूर्व उन्नति हुई।

लेकिन Y2K समस्या के निदान के बाद सन् 2000 में ये कंपनियाँ क्या करेंगी ? प्रमुख विकास 1990 के दशक के आखिर में हुआ, जब डॉटकॉम क्रांति घटित हुई। इस दौर में कंप्यूटर आधारित व्यवसाय के लिए सॉफ्टवेयर प्रोग्राम लिखकर कंपनियाँ खूब फली-फूलीं।

सन् 1998 से अमेरिका में प्रतिदिन औसतन दस कंपनियाँ स्थापित हुईं और उन्होंने अपने लिए सॉफ्टवेयर भारत से मँगवाए। उदाहरण के तौर पर, वेबसाइट पर खेल समाचार देने के लिए एक कंपनी खोली गई। कंपनी ने भारत में इन्फोसिस से संपर्क साधा और इसके संचालन के लिए आवश्यक सॉफ्टवेयर बनाने का निवेदन किया। और ऐसी ही हजारों कंपनियाँ भारतीय सॉफ्टवेयर उद्योग से सॉफ्टवेयर सेवा लेने के लिए पंक्तिबद्ध खड़ी थीं।

सन् 1998 से अमेरिका में प्रतिदिन औसतन दस कंपनियाँ स्थापित हुईं और उन्होंने अपने लिए सॉफ्टवेयर भारत से मँगवाए। उदाहरण के तौर पर, वेबसाइट पर खेल समाचार देने के लिए एक कंपनी खोली गई। कंपनी ने भारत में इन्फोसिस से संपर्क साधा और इसके संचालन के लिए आवश्यक सॉफ्टवेयर बनाने का निवेदन किया।

लेकिन यह उछाल अल्पकालिक था। सन् 2001 में उद्योग में एकाएक गिरावट आ गई। हजारों कंपनियाँ बंद हो गईं। अनेक लोगों को लगा कि भारत भी इससे अछूता नहीं रहेगा, लेकिन यह नहीं हुआ। इसका कारण था आउटसोर्सिंग (बाहर से काम करवाना) जैसी एक नई पहल का उदय होना, जो आज भी भारतीय सॉफ्टवेयर उद्योग को चलायमान रखे हुए हैं।

1990 के दशक में भी अमेरिका की जी.ई. ने भारत से अपना 'अपतटीय' प्रचालन आरंभ किया था, अर्थात् विदेशों की अपनी शाखाओं

में काम भारत से भेजना आरंभ किया था। जी.ई. के अन्य सह-कारोबारियों ने भी अपने कार्य भारत में जी.ई. की अपतटीय शाखाओं में भिजवाने शुरू किए और उनके कार्य बहुत अच्छी तरह पूरे होने लगे। और लागत भी काफी कम आती थी, क्योंकि भारतीय पेशवरों को रुपयों में भुगतान किया जाता था और भारतीय रुपयों के लिहाज से डॉलर की परिवर्तन दर इसमें सहायक होती थी।

उदाहरण के तौर पर, लगभग एक हजार कर्मचारियोंवाली एक कंपनी उनका वेतन अपने दफ्तरों या विदेश स्थित अपनी शाखाओं में तैयार करने और बाँटने के स्थान पर इस कार्य की जिम्मेदारी लेखा कार्य करनेवाली किसी जानी-मानी कंपनी को सौंप देगी।

आउटसोर्सिंग बाहरी देशों से घनिष्ठता से जुड़ी है। आउटसोर्स में कंपनियाँ अपनी शाखाएँ खोलने के स्थान पर अपने महत्त्वपूर्ण कार्य विदेश स्थित दूसरी कंपनियों से करवाती हैं।

उदाहरण के तौर पर, लगभग एक हजार कर्मचारियोंवाली एक कंपनी उनका वेतन अपने दफ्तरों या विदेश स्थित अपनी शाखाओं में तैयार करने और बाँटने के स्थान पर इस कार्य की जिम्मेदारी लेखा कार्य करनेवाली किसी जानी-मानी कंपनी को सौंप देगी।

जब अमेरिका में अन्य कंपनियों को यह ज्ञात हुआ कि जी.ई. अपना कार्य भारत में सस्ती दरों पर और अधिक प्रभावी ढंग से करवा रही है, तो वे खुशी से भर उठीं। यद्यपि भारत में उन्होंने अपनी शाखाएँ नहीं खोलीं, क्योंकि इसके लिए मोटा पूँजी-निवेश आवश्यक था। इसके बजाय उन्होंने इन्फोसिस जैसी कंपनियों की पहचान की और उन्हें अपना कार्य सौंप दिया तथा उन्होंने उनका कार्य आउटसोर्स करना आरंभ कर दिया।

ये केवल कंप्यूटर सॉफ्टवेयर के कार्य नहीं थे। ये वे कार्य थे जिनमें

गणना, डिजाइनिंग, रिपोर्ट लिखने और ऐसे ही अनेक कार्यों के लिए सॉफ्टवेयर का उपयोग होता था। इन्हें आई.टी. इनेबल सर्विसेज (ITES) यानी (सूचना तकनीकी से जुड़ी सेवाएँ) कहा जाता था। इस पूरी प्रक्रिया को बिजनेस प्रोसेस आउटसोर्सिंग (BPO) कहा जाने लगा था।

भारत में जगह-जगह खुले कॉल सेंटर भी बी.पी.ओ. उद्योग के हिस्से हैं। मान लीजिए, एक आदमी अमेरिका में रहता है; उसकी वाशिंग मशीन में कोई खराबी आ गई है। वह उसकी मरम्मत के लिए घर पर किसी को बुलवाना चाहता है। कुछ वर्ष पहले तक दूसरे छोर पर उसका फोन सुननेवाला अमेरिका में ही हुआ करता था। वह फोन का जवाब देता, उसकी समस्या सुनता और टेलीफोन पर ही उसकी समस्या को हल करने की कोशिश करता था। अगर समस्या का हल नहीं निकलता था तो वह उसकी शिकायत को संबद्ध विभाग के पास भेज देता था।

भारत में जगह-जगह खुले कॉल सेंटर भी बी.पी.ओ. उद्योग के हिस्से हैं। मान लीजिए, एक आदमी अमेरिका में रहता है; उसकी वाशिंग मशीन में कोई खराबी आ गई है। वह उसकी मरम्मत के लिए घर पर किसी को बुलवाना चाहता है।

लेकिन आजकल यह कार्य, प्रायः भारत में, आउटसोर्सिंग कंपनियों द्वारा किया जाता है। अमेरिका से आनेवाला फोन कॉल सेंटर में कार्य करनेवाले किसी युवा तक पहुँचता है और वह व्यक्ति ग्राहक की समस्या का समाधान प्रस्तुत करता है। लेकिन इस काम के लिए उसे अमेरिका में ऐसे ही काम करने वाले किसी व्यक्ति से बहुत कम वेतन मिलता है, क्योंकि उसका वेतन-भुगतान रुपयों में किया जाता है।

इस कार्य के लिए अमेरिका में किसी कर्मचारी को न्यूनतम 4,000 डॉलर प्रति माह भुगतान करना पड़ेगा, जबकि कोई भारतीय यह कार्य

लगभग 15,000 रुपयों में कर लेगा। किसी भारतीय के लिए यह अच्छा वेतन है और वह कंपनी भी खूब बचा लेती है, क्योंकि 4,000 डॉलर लगभग 2 लाख रुपयों के बराबर होते हैं। इसलिए अमेरिकी और यूरोपीय कंपनियाँ कॉल सेंटर से संबद्ध अपने कार्य भारत भेजती हैं, क्योंकि यहाँ प्रचालन-लागत बहुत कम है और भारतीयों की अंग्रेजी भाषा पर पकड़ भी अच्छी है।

प्रौद्योगिकी अब फिर से लोकप्रिय हो गई। ब्रॉडबैंड इंटरनेट कनेक्शंस अधिक डेटा का अधिक गति से आदान-प्रदान करने लगे। परिणामस्वरूप भारत से लोग वीडियो फोन द्वारा अमेरिका में बात कर सकते हैं। उदाहरण के तौर पर, वीडियो कॉन्फ्रेंसिंग प्रणाली की सहायता से यहाँ के सॉफ्टवेयर विशेषज्ञ अमेरिका में सीधे अपने ग्राहकों से बात कर सकते हैं और सौंपे गए कार्य अधिक तेजी से तथा सस्ती दर पर पूरा करते हैं। किसी को अमेरिका में फोन करने और भारत में फोन करने में करीब-करीब कोई फर्क नहीं है, जो बी.पी.ओ. उद्योग के लिए लाभदायक है।

> ***प्रौद्योगिकी अब फिर से लोकप्रिय हो गई। ब्रॉडबैंड इंटरनेट कनेक्शंस अधिक डेटा का अधिक गति से आदान-प्रदान करने लगे। परिणामस्वरूप भारत से लोग वीडियो फोन द्वारा अमेरिका में बात कर सकते हैं।***

भारतीय सॉफ्टवेयर विशेषज्ञ अंग्रेजी में ही महारत हासिल करके नहीं रुकते हैं; अगर उन्हें जापान में काम करना होता है तो वे जापानी सीखते हैं; फ्रांस में तो फ्रेंच और इसी तरह बाकी भाषाएँ। केवल उत्साही और बुद्धिमान युवा की वजह से ही भारतीय सॉफ्टवेयर उद्योग फल-फूल रहा है।

बहुत से सॉफ्टवेयर-आधारित कार्य-कलापों के बावजूद इन्फोसिस

की मजबूती इसके सेवा विभाग पर निर्भर करती है। दुनिया में इस क्षेत्र की एक सबसे प्रमुख कंपनी है।

आइए, पहले 'सेवा' का अर्थ भलीभाँति जान लेते हैं। कोई आई. टी. या आई.टी.ई.एस. कंपनी मुख्यत: तीन प्रकार की सेवाएँ प्रस्तावित कर सकती है—

1. इंप्लिमेंटेशन (कार्यान्वयन) : यह सबसे कम महत्त्ववाला काम है। जब किसी कंपनी को असली समस्या समझ में आ जाती है और उसे उसका कोई हल मिल जाता है, इसे हल के इंप्लिमेंटेशन (कार्यान्वयन) के लिए किसी की जरूरत होती है। इसके लिए यह इन्फोसिस जैसी किसी कंपनी के पास पहुँचती है। इसे इंप्लिमेंटेशन कहा जाता है। Y2K समस्या इसका एक उदाहरण होगा, जिसमें अमेरिकी और यूरोपीय कंपनियों को समस्या और समाधान ज्ञात थे। उन्हें सिर्फ इंप्लिमेंट (कार्यान्वित) करनेवाले पेशेवरों की जरूरत थी। इन्फोसिस ने इस प्रकार के कार्य से शुरुआत की थी।

यह सबसे कम महत्त्ववाला काम है। जब किसी कंपनी को असली समस्या समझ में आ जाती है और उसे उसका कोई हल मिल जाता है, इसे हल के इंप्लिमेंटेशन (कार्यान्वयन) के लिए किसी की जरूरत होती है। इसके लिए यह इन्फोसिस जैसी किसी कंपनी के पास पहुँचती है।

2. सॉल्युशन डेवलपमेंट (समाधान की खोज) : यहाँ ग्राहक को अपनी समस्या ज्ञात होती है; लेकिन उसे न तो समाधान ज्ञात होता है, न उसे खोजने का तरीका। वह इन्फोसिस जैसी किसी कंपनी से संपर्क करता है। इसके लिए इन्फोसिस के पास अकेले कंप्यूटर विशेषज्ञ होना ही पर्याप्त नहीं होता; उनके पास कम-से-कम कुछ वैसे ही लोग अवश्य होने चाहिए, जो उसके ग्राहक की तरह समान व्यवसाय में जाने-माने

नाम हों। उदाहरण के तौर पर, अगर कोई टीम किसी डिपार्टमेंटल स्टोर चेन के लिए सॉल्युशन पर कार्य कर रही हो तो कम-से-कम एक खुदरा विशेषज्ञ को जरूर अपने साथ जोड़ेगी। ये व्यवसाय विशेषज्ञ कंप्यूटर विशेषज्ञों के साथ काम करते हैं और समस्या का उपयुक्त हल निकालकर उसे इंप्लिमेंट करते हैं।

यह कंसल्टेंसी सर्विसेज (परामर्श सेवाओं) के समान है और अनेक सॉफ्टवेयर कंपनियों के लिए बहुत महत्त्वपूर्ण हो गया है। बहुत से होशियार युवा, जो भारत में और अन्यत्र कहीं अपनी सृजनात्मक प्रतिभा का प्रदर्शन करना चाहते हैं, उनके कार्यक्षेत्र की चुनौतियाँ स्वीकार करते हैं। और अमेरिकी कंपनियाँ इस सक्रिय भागीदारी से लाभान्वित होती हैं। बहुत सी कंपनियाँ इन्फोसिस जैसी कंपनियों से डेवलपमेंट कार्यों की आउटसोर्सिंग कर रही हैं, जो उन्हें समस्या पर काम करने देती हैं, जहाँ उसका व्यापक जमीनी हल निकाला जाता है। इससे हाल के वर्षों में इन्फोसिस की आमदनी में ठोस वृद्धि हुई है।

यह कंसल्टेंसी सर्विसेज (परामर्श सेवाओं) के समान है और अनेक सॉफ्टवेयर कंपनियों के लिए बहुत महत्त्वपूर्ण हो गया है। बहुत से होशियार युवा, जो भारत में और अन्यत्र कहीं अपनी सृजनात्मक प्रतिभा का प्रदर्शन करना चाहते हैं, उनके कार्यक्षेत्र की चुनौतियाँ स्वीकार करते हैं।

3. कंसल्टेंसी सर्विसेज (परामर्श सेवाएँ) : सेवाओं के क्रम में इसका महत्त्व सबसे ज्यादा है, इसलिए सभी सॉफ्टवेयर कंपनियाँ इसकी तलाश में रहती हैं। यह हो सकता है कि ग्राहक के सामने कोई समस्या आए और उसे उस समस्या का स्पष्ट ज्ञान न हो। ऐसी स्थिति में ग्राहक इन्फोसिस को बुलाएगा। तब इन्फोसिस के विशेषज्ञ सेवा-क्रम के

अन्य दोनों स्तरों का समावेश करते हुए ग्राहक के दफ्तर का विश्लेषण करेंगे, समस्या का पता लगाएँगे तथा उसका सॉल्युशन (समाधान) और इंप्लिमेंटेशन (कार्यान्वयन) करेंगे।

संसार की सबसे बड़ी सॉफ्टवेयर कंपनी आई.बी.एम., इस क्षेत्र की एक अग्रणी कंपनी है। इन्फोसिस भी उस स्तर तक पहुँचना चाहती है, लेकिन इस समय मुख्यतः वह सॉल्युशन डेवलपमेंट सेवाओं पर कार्य कर रही है।

संसार की सबसे बड़ी सॉफ्टवेयर कंपनी आई. बी.एम., इस क्षेत्र की एक अग्रणी कंपनी है। इन्फोसिस भी उस स्तर तक पहुँचना चाहती है, लेकिन इस समय मुख्यतः वह सॉल्युशन डेवलपमेंट सेवाओं पर कार्य कर रही है।

हमने देखा कि इन सॉफ्टवेयर सेवाओं को देने के योग्य होने के लिए अन्य व्यावसायिक क्षेत्रों की जानकारी होनी भी जरूरी है। भारतीय सॉफ्टवेयर उद्योग, खासकर इन्फोसिस किन क्षेत्रों में सक्षम है?

बैंक, अन्य वित्तीय संस्थान और बीमा जैसी वित्तीय सेवाएँ—ये वे सबसे महत्त्वपूर्ण क्षेत्र हैं, जिनसे इन्फोसिस जुड़ा हुआ है। यह अपनी आय का 34.5 प्रतिशत भाग विभिन्न अंतरराष्ट्रीय वित्तीय संस्थानों की परियोजनाओं द्वारा अर्जित करती है। अन्य महत्त्वपूर्ण उद्योग, जिनसे इन्फोसिस को अपनी आय का एक बड़ा भाग प्राप्त होता है, वे हैं—

दूरसंचार : इन्फोसिस अपनी आय का 18.5 प्रतिशत भाग तेजी से पनपते दूरसंचार उद्योगवाली अंतरराष्ट्रीय कंपनियों के लिए सॉफ्टवेयर बनाकर अर्जित करती है। टेलीफोन कंपनियाँ, सेल फोन कंपनियाँ और कंप्यूटर कनेक्शन उपलब्ध करवानेवाली सभी कंपनियाँ दूरसंचार उद्योग के अंतर्गत आती हैं।

उत्पादन : अनेक तरह की चीजें बनानेवाली कंपनियाँ कच्चे माल

की उपलब्धि से लेकर तैयार माल की बिक्री तक की प्रक्रिया को उपयुक्त बनाने, उसमें सुधार लाने और तेजी बनाए रखने के लिए कंप्यूटर व सॉफ्टवेयर कंपनियों से संपर्क करती हैं। इसे 'आपूर्ति शृंखला प्रबंधन' कहा जाता है। इन्फोसिस अपनी आय का 14.5 प्रतिशत भाग इस क्षेत्र के घरेलू एवं अंतरराष्ट्रीय बाजार दोनों से अर्जित करती है।

फुटकर : भारत में यह क्षेत्र अभी भी विकास के क्रम में है। लेकिन अमेरिका सहित विकसित देशों में फुटकर या खुदरा बाजार खूब फला-फूला है। अमेरिका के वॉल मार्ट की बिक्री दुनिया की आठवीं अर्थव्यवस्था से भी ज्यादा है। इन स्टोरों को चेन स्टोर कहा जाता है, जिनका कार्य-कलाप पूरी तरह कंप्यूटरों पर निर्भर होता है। ये बाजार अनेक शहरों में खुले होते हैं, इसलिए इन सब दुकानों में आवश्यक वस्तुएँ उपलब्ध करवानी पड़ती हैं और सही दुकान तक हरेक वस्तु की आपूर्ति का काम पूरी मुस्तैदी के साथ सही-सही किया जाता है। इन सेवाओं के लिए विशेष सॉफ्टवेयर बनाकर इन्फोसिस इनसे अपनी 10 प्रतिशत तक की आय अर्जित करता है।

> ***भारत में यह क्षेत्र अभी भी विकास के क्रम में है। लेकिन अमेरिका सहित विकसित देशों में फुटकर या खुदरा बाजार खूब फला-फूला है। अमेरिका के वॉल मार्ट की बिक्री दुनिया की आठवीं अर्थव्यवस्था से भी ज्यादा है।***

स्वास्थ्य रक्षा एवं अन्य क्षेत्र : कंप्यूटर सॉफ्टवेयर का इस्तेमाल अन्य कई क्षेत्रों में होता है। वर्तमान में इन्फोसिस इनसे सामूहिक रूप से अपनी आय का लगभग 22.5 प्रतिशत अर्जित करता है।

इन्फोसिस द्वारा अर्जित आय के बारे में एक मुख्य बात ध्यान देने योग्य है कि इसकी आय का एक बड़ा भाग देश के बाहर से आता है।

उदाहरण के तौर पर, एक वर्ष की सकल आय 7,130 करोड़ रुपए में से केवल 133 करोड़ रुपए भारत से प्राप्त किए गए।

दुनिया के विभिन्न हिस्सों में स्थित कंपनियों की जरूरतों के अनुसार अपनी वैश्विक सेवाओं को सुनिश्चित करने के लिए इन्फोसिस एक आदर्श एकीकृत तंत्र की मदद लेती है। वैश्विक स्तर पर सॉल्युशन (समाधान) उपलब्ध करवाने के लिए यह 'ग्लोबल डिलिवरी मॉडल' नामक एक तंत्र का उपयोग करती है। चूँकि इन्फोसिस के दफ्तर सारी दुनिया में फैले हैं, इसलिए इसका कार्य कई स्थानों पर चल सकता है।

जब कोई परियोजना मिलती है तो काम इस आधार पर कई दफ्तरों में बाँट दिया जाता है कि कौन सा काम कहाँ किया जा सकता है। फिर विभिन्न दफ्तरों में हुए कार्य को आपस में जोड़कर समस्या का पूरा सॉल्युशन प्राप्त किया जाता है।

जब कोई परियोजना मिलती है तो काम इस आधार पर कई दफ्तरों में बाँट दिया जाता है कि कौन सा काम कहाँ किया जा सकता है। फिर विभिन्न दफ्तरों में हुए कार्य को आपस में जोड़कर समस्या का पूरा सॉल्युशन प्राप्त किया जाता है।

भारत में आज बहुत सी सॉफ्टवेयर कंपनियों ने इस प्रणाली को अपना लिया है, लेकिन इसे जमाने का श्रेय इन्फोसिस को जाता है।

इसने दुनिया भर में फैले अपने ग्राहकों में जो भरोसा बनाया है, वह इन्फोसिस की सबसे बड़ी उपलब्धि है। इसने अंतरराष्ट्रीय खिलाड़ियों के साथ इसकी लोकप्रियता मजबूत की है, साथ ही बहुत से निवेशकों को सॉफ्टवेयर उद्योग के लिए समग्र रूप से नए अवसरों का सृजन करके भारत की ओर खींचा है।

इन्फोसिस आज केवल सेवा के दायरे से आगे बढ़कर, भारत में प्रतिभा संयोजन का इस्तेमाल करके, सॉफ्टवेयर डेवलपमेंट का काम

भी कर रही है। लेकिन डेवलपमेंट द्वारा अर्जित आय सेवा विभाग द्वारा अर्जित आय की तुलना में काफी कम है।

उदाहरण के तौर पर, बैंकों के लिए तैयार किया गया 'फिनेकल' इन्फोसिस का एक महत्त्वपूर्ण सॉफ्टवेयर पैकेज है। दुनिया भर के लगभग 38 देशों के बैंक इस सॉफ्टवेयर का इस्तेमाल करते हैं। इनमें शामिल कुछ बड़े संस्थान हैं आई.सी.आई.सी.आई. बैंक, आई.डी.बी.आई. बैंक, ए.बी.एन. एमरो बैंक और एक्सिस बैंक (पूर्व का यू.टी.आई. बैंक)।

जब इन्फोसिस एक जाना-माना नाम नहीं थी, मूर्ति ने सन् 1987 में अमेरिका के कुर्त सालमॅन एंड एसोसिएट्स (KSA) के साथ मिलकर एक संयुक्त उद्यम कंपनी स्थापित की। इस कंपनी का काम अमेरिका में ग्राहकों की पहचान कर इन्फोसिस के लिए उनकी परियोजनाओं को पूरा करना था।

जब इन्फोसिस एक जाना-माना नाम नहीं थी, मूर्ति ने सन् 1987 में अमेरिका के कुर्त सालमॅन एंड एसोसिएट्स (KSA) के साथ मिलकर एक संयुक्त उद्यम कंपनी स्थापित की। इस कंपनी का काम अमेरिका में ग्राहकों की पहचान कर इन्फोसिस के लिए उनकी परियोजनाओं को पूरा करना था। उस समय के.एस.ए. चूँकी एक जाना-माना नाम था, इसलिए परियोजनाएँ हासिल करना अपेक्षाकृत आसान था। लेकिन जैसे ही इन्फोसिस की साख कायम हुई, इसने सन् 1997 में के.एस.ए. के साथ अनुबंध समाप्त कर दिया।

इसके बाद अमेरिका में इन्फोसिस ने यंत्र कॉर्पोरेशन नामक एक सहायक कंपनी आरंभ की। इस कंपनी में किसी प्रकार का प्रत्यक्ष वित्तीय निवेश नहीं किया गया, बल्कि इसे इन्फोसिस पेशेवरों द्वारा बनाए गए कुछ सॉफ्टवेयर पैकेजों का मालिकाना हक दिया गया। यंत्र कॉर्पोरेशन

ने भारी सफलता अर्जित की और जब इन्फोसिस ने सन् 2004 में इसे बेचा, इसने लगभग 45 करोड़ रुपए का लाभ कमाया।

लेकिन इन्फोसिस के खाते में सारी सफलताएँ ही दर्ज नहीं हैं। कंपनी के इतिहास में कुछ असफलताएँ भी लिखी हैं। इन्फोसिस द्वारा जाँच-परखकर खोला गया उद्यम ऑनमोबाइल, जो सेल फोन के लिए सेवाएँ देता था, इन्फोसिस इस कंपनी को सफलता के मुकाम तक नहीं पहुँचा सकी है। इसी प्रकार इन्फोसिस ने प्रोगेऑन बी.पी.ओ. कंपनी आरंभ की, वह भी इस क्षेत्र में अगली कतार में शामिल नहीं है। बी.पी.ओ. की अहमियत को समझकर अन्य सॉफ्टवेयर कंपनियों ने इन्फोसिस से पहले अपनी बी.पी.ओ. कंपनियाँ आरंभ कीं और सफलता पाई।

लेकिन इन्फोसिस के खाते में सारी सफलताएँ ही दर्ज नहीं हैं। कंपनी के इतिहास में कुछ असफलताएँ भी लिखी हैं। इन्फोसिस द्वारा जाँच-परखकर खोला गया उद्यम ऑनमोबाइल, जो सेल फोन के लिए सेवाएँ देता था, इन्फोसिस इस कंपनी को सफलता के मुकाम तक नहीं पहुँचा सकी है।

इन अतिरिक्त उद्यमों से ही नहीं, इन्फोसिस को आजकल कुछ अन्य समस्याओं का सामना भी करना पड़ रहा है। चूँकि इन्फोसिस और अन्य सॉफ्टवेयर कंपनियों को अपनी आय का एक बड़ा भाग बाहर से और उसमें भी अधिकांश अमेरिका से आता है, अमेरिकी डॉलर की भारतीय रुपए में परिवर्तन दर उनकी आमदनी को बड़ी हद तक प्रभावित करती है। डॉलर की तुलना में रुपए की वर्तमान मजबूती (इसकी 1 डॉलर कीमत थोड़े ही समय में 46 रुपए से गिरकर लगभग 39.50 रुपए प्रति डॉलर हो गई थी) भी सॉफ्टवेयर कंपनियों के लाभ को प्रभावित कर रही है, जिनका पूरा दारोमदार डॉलर भुगतान पर होता है।

भारतीय सॉफ्टवेयर उद्योग की दूसरी बड़ी कमी यह है कि यह स्वयं अपना कोई सामान्य सॉफ्टवेयर पैकेज तैयार करने में सक्षम नहीं रही है, जैसे माइक्रोसॉफ्ट विंडो जैसा कोई ऑपरेटिंग सिस्टम, जिसका बड़े स्तर पर लोग इस्तेमाल कर सकते हों।

सामान्यतया, भारतीय कंपनियाँ तकनीकी दृष्टि से दक्ष हैं। इसलिए सॉफ्टवेयर पैकेज निर्माण की अपेक्षा सेवा क्षेत्र और खास ग्राहकों की आवश्यकताओं को पूरा करने में ही वे अधिकतर विशेषज्ञ हैं।

> ***''यह एक पुराना विचार है कि सेवा से जुड़ी कंपनियों को कुछ बनाकर बाजार में लाना चाहिए। आज के बाजार में जिन कंपनियों ने सॉफ्टवेयर सेवा पर ध्यान केंद्रित रखा है, वही अच्छा कर रही हैं। इसलिए महत्त्वपूर्ण बात यह है कि हम जो भी करें, उपयोगी व प्रभावी ढंग से और अच्छी उत्पादकता के साथ करें।''***

लेकिन मूर्ति कहते हैं कि इसके लिए हमें खेद नहीं करना चाहिए। ''यह एक पुराना विचार है कि सेवा से जुड़ी कंपनियों को कुछ बनाकर बाजार में लाना चाहिए। आज के बाजार में जिन कंपनियों ने सॉफ्टवेयर सेवा पर ध्यान केंद्रित रखा है, वही अच्छा कर रही हैं। इसलिए महत्त्वपूर्ण बात यह है कि हम जो भी करें, उपयोगी व प्रभावी ढंग से और अच्छी उत्पादकता के साथ करें।''

लेकिन इन्फोसिस की भी इच्छा है कि वह भी नए सॉफ्टवेयर पैकेज बनाने में सफलता पाए।

मूर्ति ने एक बार कहा था, ''जब हमारी कंपनी मजबूती से उठ खड़ी होगी तो आपको बदलाव भी दिखाई देगा।'' वे आज भी इन्फोसिस को एक विकासशील कंपनी कहना पसंद करते हैं। हालाँकि इन्फोसिस विश्व में आज एक सम्मानित कंपनी है, उन्हें लगता है, अभी भी बहुत कुछ हासिल करना बाकी है।

इस स्थिति में वे कौन सी 'ऊँचाई' है, जिसे मूर्ति छूना चाहते हैं?

मूर्ति की ऊँचाई वह नहीं है, जिसे कंपनी की आमदनी या लाभ-व्यय खाते से छुआ जा सके। इससे उलट वे ऐसी ऊँचाई की खोज में हैं, जिसमें कंपनी अपनी स्वयं की चुस्ती में सुधार लाए। उदाहरण के तौर पर, यदि इस वर्ष किसी काम को पूरा करने में 100 घंटे लगते हों तो अगले वर्ष उसे 95 घंटे लगने चाहिए। उनके अनुसार वह वास्तविक ऊँचाई होगी।

इसलिए इसी दर्शन का अनुसरण कर इन्फोसिस यह सोचे बगैर कि कौन ज्यादा महत्त्वपूर्ण है या कौन किस पद पर काबिज है, पूरी तरह योग्यता पर भरोसा करके अपने कार्य-कलाप व्यवस्थित करती है। हर तार्किक सुझाव पर पद-प्रतिष्ठा देखे बगैर विचार किया जाता है।

> ***इसलिए इसी दर्शन का अनुसरण कर इन्फोसिस यह सोचे बगैर कि कौन ज्यादा महत्त्वपूर्ण है या कौन किस पद पर काबिज है, पूरी तरह योग्यता पर भरोसा करके अपने कार्य-कलाप व्यवस्थित करती है। हर तार्किक सुझाव पर पद-प्रतिष्ठा देखे बगैर विचार किया जाता है।***

कुछेक स्थानों पर एक-दो गलतियाँ भी हो सकती हैं; इसलिए एक उच्च स्तरीय समिति भी है, जिस पर इन्फोसिस के प्रबंधन की जिम्मेदारी होती है और प्रथम पंक्ति के प्रबंधक उनके नीचे कार्य करते हैं, जो कंपनी के सपनों और उन्हीं के अनुरूप कार्य-संचालन के प्रति जागरूक होते हैं।

मूर्ति अकसर कहते हैं कि इन्फोसिस का भविष्य देश की युवा पीढ़ी पर निर्भर करता है। इस सोच और इन्फोसिस के दीर्घकालिक विकास को ध्यान में रखकर मूर्ति ने निर्णय किया कि अगली पीढ़ी के लिए जरूर कुछ किया जाना चाहिए। नई एवं युवा प्रतिभा को आगे लाने के लिए 31

मार्च, 2002 को उन्होंने इन्फोसिस के मुख्य कार्यकारी अधिकारी (CEO) का कार्यभार छोड़ दिया।

इन्फोसिस के दूसरे संस्थापक नंदन नीलकेनी ने सी.ई.ओ. का कार्यभार सँभाला। मूर्ति कंपनी के अध्यक्ष और सलाहकार के रूप में कार्यरत हैं।

मूर्ति ने भले ही नए मार्गदर्शकों, नए प्रयासों और नए विचारों के लिए रास्ता साफ कर दिया हो, लेकिन विश्व स्तर पर इन्फोसिस की एक सांस्थानिक पहचान बनाए रखने के लिए उनका अनुभव आवश्यक है। उस उम्र में जब अधिकतर भारतीय नौकरी से अवकाश ग्रहण करके कुरसी पर आराम करने लगते हैं, मूर्ति अभी भी इन्फोसिस के लोकप्रिय चेहरे और ब्रांड एंबेसडर हैं।

उन्हें इस तरह लगातार काम के लिए कौन प्रोत्साहित करता है?

मूर्ति एक छोटे उदाहरण से जवाब देते हैं। खेल की दुनिया में खेल का जीतना क्या मायने रखता है? पराजित को टीम में या मैदान पर कोई जगह नहीं मिलती है। किसी खिलाड़ी का असली पुरस्कार वही है कि वह लगातार जीतता रहे।

"इसी प्रकार, जीवन में खुशी मंजिल पर नहीं होती है बल्कि मंजिल की यात्रा में होती है।" नारायण मूर्ति कहते हैं।

❑

नारायण मूर्ति :
एक साक्षात्कार
नाज़नीन करमाली
के साथ

सबसे पहले मूल्य*

तिरपन वर्षीय एन.आर. नारायण मूर्ति, इन्फोसिस टेक्नोलॉजीज (1998-99 बिक्री : 513 करोड़ रुपए) के अध्यक्ष और मुख्य कार्यकारी अधिकारी (सी.ई.ओ.) हैं, जो भारत की सबसे सफलतम सिलिकॉन वैली (सॉफ्टवेयर कंपनी) के प्रवर्तक भी हैं। सन् 1981 में अपनी बचत के 10-10 हजार रुपए (अपनी पत्नियों से उधार लेकर) लगाकर सात पेशेवरों ने इन्फोसिस की स्थापना की, जिसने सभी तरह के रिकॉर्ड बनाए हैं। यह पहली ऐसी कंपनी थी, जिसने उत्तराधिकार के अधिकार में कटौती करके कार्यकुशलता-आधारित इंप्लॉयी स्टॉक ऑप्शन प्लान की शुरुआत की। इस वर्ष अमेरिकी स्टॉक एक्सचेंज (नैसडेक) में अधिसूचित होनेवाली यह भारत में पंजीकृत पहली कंपनी थी। पारदर्शिता और निगमित शासन पर चलकर इन्फोसिस ईमानदार निगमित नागरिक की प्रतीक बन गई है।

इसका पहला श्रेय मूर्ति को जाता है, जिन्होंने सॉफ्टवेयर के क्षेत्र में अवसर को पहचाना, ठीक टीम का चुनाव किया और सबसे महत्त्वपूर्ण उसे साथ रखा। इन्फोसिस की सफलता चौंकानेवाली है, क्योंकि इसके सभी संस्थापक मध्य वर्गीय पृष्ठभूमि से आते हैं। उनका कोई पुराना व्यावसायिक अनुभव नहीं था, बस निवेश के रूप में कुछ पास था तो दिमाग और श्रम-शक्ति।

---

* प्रतिष्ठित पत्रिका 'सेमिनार' के जनवरी 2000 अंक में प्रकाशित नाज़नीन करमाली द्वारा लिया गया साक्षात्कार व आभार, सेमिनार पब्लिकेशन

मूर्ति अपने पिता के आठ में से पाँचवें क्रम के पुत्र थे। उनके पिता मैसूर में एक साधारण स्कूल शिक्षक थे, जो अपने बेटे को आई.आई.टी. में नहीं भेज सके थे। आज इन्फोसिस में उनकी 7.7% भागीदारी से मूर्ति एक धनी-मानी आदमी हैं और उनकी अनुमानित संपत्ति 2,500 करोड़ रुपए है। फिर भी, वे आज तक अपनी परंपराओं के प्रति निष्ठावान् हैं। वे बेंगलुरु के जयनगर के मध्य वर्गीय इलाके में अपनी इंजीनियर पत्नी सुधा और दो बच्चों—अक्षथा एवं रोहन के साथ रहते हैं। बेंगलुरु में नाज़नीन करमाली ने उनका साक्षात्कार लिया।

- **शुरू में इंजीनियरिंग को कैरियर के रूप में चुनने का खयाल आपको कैसे आया?**

—मेरे चाचा एक सरकारी कर्मचारी थे और मेरे पिता की भी बहुत इच्छा थी कि मैं उनका अनुकरण करूँ; लेकिन मुझे उसमें जरा भी रुचि नहीं थी। उन दिनों डॉक्टरी की तरह इंजीनियरिंग भी महत्त्वपूर्ण समझी जाती थी। लोग अर्थशास्त्री या समाजशास्त्री के कैरियर को अच्छा नहीं मानते थे।

> ***मुझे आई.आई.टी. की प्रवेश परीक्षा को निष्पक्ष रूप से उच्च क्रम में उत्तीर्ण कर लेने के कारण छात्रवृत्ति के साथ प्रवेश मिल गया था। लेकिन वह छात्रवृत्ति साल के अंत में बाँटी जाती थी। मुझे पिता की बातचीत याद है।***

मुझे आई.आई.टी. की प्रवेश परीक्षा को निष्पक्ष रूप से उच्च क्रम में उत्तीर्ण कर लेने के कारण छात्रवृत्ति के साथ प्रवेश मिल गया था। लेकिन वह छात्रवृत्ति साल के अंत में बाँटी जाती थी। मुझे पिता की बातचीत याद है। उन्होंने कहा था कि किसी भी तरह वे वहाँ का खर्च नहीं उठा सकते, क्योंकि उनकी आय प्रति माह 250 रुपए थी। उन्होंने कहा था, "अगर तुम योग्य हो तो किसी भी कॉलेज से उपयोगी कोर्स कर सकते हो।" इसलिए मैंने

स्थानीय इंजीनियरिंग कॉलेज में दाखिला ले लिया।

- **क्या आपके कोई आदर्श थे, जिन्होंने आपके कैरियर में आपको प्रेरित किया हो?**

—उन दिनों स्कूल और विश्वविद्यालय दोनों जगह हमारे आदर्श हमारे गुरु हुआ करते थे। वे हमें सिखाते थे कि हम जिज्ञासु और स्पष्ट बनें। आप, 60 के दशक में जिला मुख्यालय में एक निम्न-मध्य वर्गीय परिवार की कल्पना कर सकती हैं। मेरे पिता हमें निजी हित से पहले सार्वजनिक हित के महत्त्व के बारे में बताया करते थे; माँ त्याग और सच्चाई की बातें करती थीं। जीवन के मूल आदर्शों से हटकर वे हमारे कैरियर के बारे में ज्यादा बातें नहीं करते थे।

मेरा सपना नेहरू के आधुनिक भारत के मंदिरों, हाइड्रो-इलेक्ट्रिक पावर प्लांट में जूनियर इंजीनियर बनना था। मुझे सबसे ज्यादा इस बात ने आकर्षित किया कि वे प्रदूषण-रहित एवं प्राकृतिक परिवेश में स्थित थे। साथ ही, एक इलेक्ट्रिकल इंजीनियर होने के नाते एक बड़ा जेनरेटर बनाना एक बड़ी बात थी।

मेरा सपना नेहरू के आधुनिक भारत के मंदिरों, हाइड्रो-इलेक्ट्रिक पावर प्लांट में जूनियर इंजीनियर बनना था। मुझे सबसे ज्यादा इस बात ने आकर्षित किया कि वे प्रदूषण-रहित एवं प्राकृतिक परिवेश में स्थित थे। साथ ही, एक इलेक्ट्रिकल इंजीनियर होने के नाते एक बड़ा जेनरेटर बनाना एक बड़ी बात थी। लेकिन उच्च क्रम का छात्र होने के कारण लोगों ने सलाह दी कि मैं मास्टर्स (परास्नातक डिग्री) करूँ, लेकिन आरक्षण के कारण कर्नाटक में हम जैसे लोगों को काम मिलना बहुत कठिन था, क्योंकि खास समुदाय के लोग लाभ पाने में अग्रणी थे। इसलिए कैरियर का निर्णय मास्टर्स होने तक दो साल के लिए मैंने टाल दिया।

- **तो आखिर आई.आई.टी. में आ गए; वहाँ कैसा अनुभव रहा?**

—आई.आई.टी., कानुपर में चारों ओर शांति थी। वहाँ यू.एस. से पी-एच.डी. करके वापस भारत लौटे बहुत से युवा प्रोफेसर थे। सभी की उम्र 20 से 30 के बीच थी। सभी जोशीले और उम्मीदों से भरे-पूरे थे। साथ ही, कानपुर इंडो-अमेरिकी कार्यक्रम के अंतर्गत आई.आई.टी.-एम.आई.टी. बार्कले, पुरड्यू जैसे आठ अमेरिकी विश्वविद्यालयों से जुड़ा हुआ था। इसका अर्थ यह था कि जब एम.आई.टी. को एक आई.बी.एम. कंप्यूटर मिला तो एक उन्होंने कानपुर भी भिजवाया। हमें कंप्यूटर से—वंडर मशीन—कहकर परिचित करवाया गया और मैं उसमें फँस ही गया।

> *आई.आई.एम. अहमदाबाद में मैंने जो वक्त गुजारा, वह बहुत अच्छा रहा; वहाँ मैं मुख्य सिस्टम प्रोग्रामर था। उन दिनों कंप्यूटर साइंस ग्रेजुएट बहुत कम थे, इसलिए हम सभी को पाँच-पाँच नौकरी के प्रस्ताव मिले थे। मुझे एच.एम.टी., ई.सी.आई.एल., टेल्को, एयर इंडिया से बुलावा आया था।*

- **आई.आई.एम., की अप्रासंगिक नौकरी के प्रस्ताव की ओर किस बात ने आपको प्रेरित किया?**

—आई.आई.एम. अहमदाबाद में मैंने जो वक्त गुजारा, वह बहुत अच्छा रहा; वहाँ मैं मुख्य सिस्टम प्रोग्रामर था। उन दिनों कंप्यूटर साइंस ग्रेजुएट बहुत कम थे, इसलिए हम सभी को पाँच-पाँच नौकरी के प्रस्ताव मिले थे। मुझे एच.एम.टी., ई.सी.आई.एल., टेल्को, एयर इंडिया से बुलावा आया था। वहाँ वेतन भी आई.आई.एम. से कहीं ज्यादा था। लेकिन आई.आई.एम. के प्रो. कृष्णैय्या ने कानपुर आई.आई.टी. में मुझसे एक घंटे तक उस महान् आधुनिक मिनी-कंप्यूटर के बारे में बात

की, जिसे वे लगाने जा रहे थे और इस प्रकार हार्वर्ड और स्टेनफोर्ड के बाद टाइम-शेयरिंग सिस्टम लगानेवाला आई.आई.एम. विश्व का तीसरा बिजनेस स्कूल हो जाएगा। उन्होंने यह भी कहा कि वहाँ का माहौल कॉलेज जैसा था। हम दिन में 20 घंटे काम करेंगे और बहुत कुछ सीखेंगे। 800 रुपए मासिक की यह नौकरी करने का फैसला मेरे जीवन का सर्वश्रेष्ठ फैसला था।

कृष्णैय्या से मैंने बहुत सी चीजें सीखीं। वे वास्तव में ऐसे व्यक्ति थे, जिन्होंने मुझे बेहद प्रभावित किया। उन्होंने हमें 'इच्छा' का महत्त्व समझाया। हम दिन में 20 घंटे काम करके भोर के 3 बजे घर लौटते थे, कभी-कभी सुबह के 7 भी बज जाते थे। वहाँ सीखने के बहुत अवसर थे। हमने ई.सी.आई.एल. के लिए एक बेसिक इंटरप्रेटर डिजाइन करके तैयार किया। मैंने इंजीनियर होने का मकसद समझा। यह सिद्धांत नहीं है, बल्कि समस्या के समाधान और समाज से अलग कुछ करने का एक औजार है।

कृष्णैय्या से मैंने बहुत सी चीजें सीखीं। वे वास्तव में ऐसे व्यक्ति थे, जिन्होंने मुझे बेहद प्रभावित किया। उन्होंने हमें 'इच्छा' का महत्त्व समझाया। हम दिन में 20 घंटे काम करके भोर के 3 बजे घर लौटते थे, कभी-कभी सुबह के 7 भी बज जाते थे। वहाँ सीखने के बहुत अवसर थे।

- **कैरियर की शुरुआत में आपने विदेशों में भी काम किया। वहाँ के अल्पकालिक प्रवास में आपने क्या सीखा?**

—पेरिस में गुजरा मेरा समय जीवन के लिए बहुत प्रेरक रहा। मैंने देखा कि पश्चिमी देश, यहाँ तक कि समाजवादी भी, यह समझते थे कि बाँटने से पहले धन कमाना चाहिए। वहाँ केवल कुछ नेता ही धन कमा सकते थे। और यह सरकार का दायित्व है कि वह ऐसा माहौल बनाए

कि वहाँ लोग धन कमा सकें। मैं समझता हूँ कि भारत में होनेवाली समाजवाद की सारी बातें बेमानी थीं। हमारा देश साम्यवाद को एक वाद के रूप में लेता था, जो जमीनी सच्चाई से पूरी तरह अलग-थलग था। आप गरीबी को बाँट नहीं सकते हैं।

मेरे पिता हमेशा मुझसे ये कहते थे कि भारत को पश्चिम से बहुत कुछ सीखना चाहिए। साथ ही वे शास्त्रीय संगीत के भी बहुत शौकीन थे। रविवार को ऑल इंडिया रेडियो पर एक घंटे का संगीत कार्यक्रम आता था। एक दिन मैंने उनसे पूछा, ''मुझे यह विदेशी संगीत क्यों सुनना चाहिए?''

मेरे पिता हमेशा मुझसे ये कहते थे कि भारत को पश्चिम से बहुत कुछ सीखना चाहिए। साथ ही वे शास्त्रीय संगीत के भी बहुत शौकीन थे। रविवार को ऑल इंडिया रेडियो पर एक घंटे का संगीत कार्यक्रम आता था। एक दिन मैंने उनसे पूछा, ''मुझे यह विदेशी संगीत क्यों सुनना चाहिए?'' उन्होंने कहा, ''सिंफनी में मुझे यह सबसे अच्छा लगता है कि इसमें 100 से ज्यादा लोग होते हैं और सब अपने क्षेत्र के माहिर होते हैं; लेकिन एक स्वरलिपि के अनुसार वे इकट्ठे होकर टीम-भावना से कुछ ऐसा वादन करते हैं कि वह दैवी बन जाता है। वे सिद्ध करते हैं कि एक से एक जुड़कर दो से ज्यादा हो जाते हैं। यह टीमवर्क का एक श्रेष्ठ उदाहरण है।''

- **किन बातों ने आपको सपाट जिंदगी जीने को प्रेरित किया?**

—पेरिस-प्रवास के बाद मैंने जेब में 450 डॉलर रखे और बाकी आमदनी दान कर दी तथा स्वदेश लौटने का फैसला किया। मैं 'निस' आया, जो तत्कालीन यूगोस्लाविया और बुल्गेरिया के बीच एक सीमांत कस्बा था। वहाँ से मुझे सोफिया एक्सप्रेस पकड़नी थी। डिब्बे में मैं एक

लड़की से बातचीत करने लगा। 45 मिनट बाद ट्रेन रुकी, पुलिस लड़की को अपने साथ ले गई, मेरा सामान खँगाल डाला और मुझे एक कोठरी में निर्वस्त्र फर्श पर डाल दिया, जिसमें एक ही खिड़की थी, वह भी 10 फीट ऊपर। उन्होंने 60 घंटे मुझे वहाँ रखा, फिर यह कहते हुए छोड़ दिया कि चूँकि मैं एक मित्र देश का था, इसलिए वे मुझे जाने दे रहे हैं। मैंने सोचा कि अगर यह तंत्र दोस्तों से इस तरह पेश आता है तो मैं इसके साथ कुछ नहीं करना चाहता था। इस अनुभव से मुझे बहुत सदमा लगा।

- **इसलिए आपके अंदर का समाजवादी एक पक्का पूँजीवादी बन गया?**

—मैं 100 प्रतिशत विक्रेता हूँ; पर मैं खुद को एक संवेदनशील पूँजीवादी कहता हूँ, क्योंकि आर्थिक मामलों में मैं बेहद रूढ़िवादी हूँ और सामाजिक मामलों में बेहद उदार। लेकिन समाजवाद के प्रति मैं बिल्कुल दिग्भ्रमित नहीं हूँ। भारत जैसे देश में, जब हम पूँजीवाद को लोगों के लिए एक आकर्षक विकल्प के तौर पर प्रस्तुत करते हैं, तो हमारे लिए यह बेहद जरूरी है कि हम जरूरतमंदों के प्रति अधिक सहानुभूति प्रकट करें। इसका यह अर्थ कतई नहीं है कि आप अयोग्य लोगों को नौकरियाँ दें या आप कम लाभ कमाएँ, बल्कि आप जिस भी तरह से सहानुभूति प्रकट कर सकते हैं, करें।

> *मैं 100 प्रतिशत विक्रेता हूँ; पर मैं खुद को एक संवेदनशील पूँजीवादी कहता हूँ, क्योंकि आर्थिक मामलों में मैं बेहद रूढ़िवादी हूँ और सामाजिक मामलों में बेहद उदार। लेकिन समाजवाद के प्रति मैं बिल्कुल दिग्भ्रमित नहीं हूँ।*

- **इन्फोसिस की शुरुआती कारोबारी योजना किस पर आधारित थी?**

—हम इस बात के प्रति दृढ़ थे कि हमें भारत में ही रहना है। विदेश में जमने के कई अवसर थे, लेकिन हम भारत में भी एक संस्था

स्थापित करना चाहते थे। हम जानते थे कि वहाँ हमारे लिए मुश्किल से बाजार उपलब्ध होगा, इसलिए पहले ही दिन से हमारा लक्ष्य निर्यात बाजार की ओर था। उस समय हमें यह नहीं मालूम था कि यह कहाँ तक बढ़ेगा; लेकिन हमें विशेषत: बुद्धिमान, होशियार और परिश्रमी युवा स्त्री-पुरुषों के साथ काम करने में संतोष मिलता था।

पहला काम हमें न्यूयॉर्क के डेटाबेसिक्स से मिला। उनके साथ हम पाटनी कंप्यूटर सिस्टम्स में काम करते थे; पर भारत में वे अपना स्वयं का सॉफ्टवेयर समूह खड़ा करना चाहते थे। हमने उन्हें इस बात के लिए राजी कर लिया कि हम उसे सौंपे गए कार्य के रूप में पूरा कर सकते हैं।

पहला काम हमें न्यूयॉर्क के डेटाबेसिक्स से मिला। उनके साथ हम पाटनी कंप्यूटर सिस्टम्स में काम करते थे; पर भारत में वे अपना स्वयं का सॉफ्टवेयर समूह खड़ा करना चाहते थे। हमने उन्हें इस बात के लिए राजी कर लिया कि हम उसे सौंपे गए कार्य के रूप में पूरा कर सकते हैं। मेरे साथी उन्हीं के दफ्तर में उस काम को पूरा करने के लिए यू.एस.चले गए। आधारभूत ढाँचा खड़ा करने के लिए मैं पीछे रह गया। हमने एक कंप्यूटर आयात करने का फैसला किया, जिससे कि हम भारत से और विशेषताएँ जोड़ सकें।

- **उन दिनों आप जैसे बाहरी क्षेत्र के लोगों के लिए काम पाना कितना आसान या कठिन था?**

—उन दिनों कहीं भी एक कंप्यूटर लेने में 15 से 24 महीने लग जाते थे। हमने सन् 1981 में काम शुरू किया था; लेकिन हमारा पहला कंप्यूटर कहीं जाकर फरवरी 1984 में लग पाया था। कर्ज मिलना बड़ा मुश्किल था। हमने माइको (MICO) के साथ समय-बँटवारे का सौदा किया, जिसके आधार पर ए.एन.जेड. ने एक परियोजना रपट दी। लेकिन

ए.एन.जेड. ने हमें कर्ज देने से इनकार कर दिया। कई और बैंकों ने हमें खाली हाथ लौटा दिया। संयोग से एक हवाई उड़ान में मैं कर्नाटक राज्य औद्योगिक निवेश एवं विकास निगम के के.एस.एन. मूर्ति के निकट बैठा था और हमें मार्ग मिल गया। उन्होंने एक सप्ताह में प्रति दिन 14 घंटे लगाकर पूरी परियोजना रपट देखी और पंद्रह दिन में उसे मंजूर कर दिया।

उस दिन से हमारी एक यह अवधारणा बन गई कि भारत से मूल्यों को जोड़ा जाए। उसके लिए हमें कुछ मूल सुविधाएँ चाहिए थीं—कंप्यूटर, टेलीफोन लाइनें। एक फोन लेने के लिए बेंगलुरु में हमें एक साल लग गया था। तब वहाँ एक नियम था कि कारोबारी की अपेक्षा सेवानिवृत्त सरकारी कर्मचारियों को उच्च प्राथमिकता दी जाती थी। हमें 3,50,000 डॉलर का काम मिला था; साथ ही हमारे ग्राहक से हमें कर्ज पर आई.बी.एम. के अनुरूप मशीन भी मिलने वाली थी। इसके लिए उन्होंने जोर दिया था कि हमारे पास एक टेलीफोन हो, जिससे कि वे हमसे संपर्क कर सकें। ग्राहक ने कहा था, "मुझे मालूम है कि आपके पास सक्षम लोगों की पूरी टीम है; लेकिन अगर इसे आप भारत से करना चाहते हैं तो आपको हमें भरोसा दिलाना होगा कि आप टेलीफोन लगवा सकते हैं। तो अनिच्छा से हम सौदे से हट गए।"

उस दिन से हमारी एक यह अवधारणा बन गई कि भारत से मूल्यों को जोड़ा जाए। उसके लिए हमें कुछ मूल सुविधाएँ चाहिए थीं—कंप्यूटर, टेलीफोन लाइनें। एक फोन लेने के लिए बेंगलुरु में हमें एक साल लग गया था। तब वहाँ एक नियम था कि कारोबारी की अपेक्षा सेवानिवृत्त सरकारी कर्मचारियों को उच्च प्राथमिकता दी जाती थी।

सबको ऐसे अनुभव होने चाहिए; क्योंकि इससे आपको अपनी खुद की कमजोरियों को समझने का मौका मिलता है और इससे आपकी ईश्वर

के प्रति श्रद्धा भी बढ़ती है। मैं जीवन में असाधारण रूप से भाग्यशाली रहा हूँ। मैंने समाज को जितना दिया है, उससे ज्यादा मुझे वापस मिला है। मेरे बहुत से मित्र हैं, जो ज्यादा होशियार हैं, कहीं ज्यादा गुणी हैं; लेकिन किसी कारणवश जिंदगी ने मुझे बहुत से अच्छे पत्ते दिए हैं, जिनके लिए किसी और के बजाय मैं ईश्वरीय अनुकंपा को श्रेय दूँगा।

- **क्या कोई ऐसा वक्त भी आया है, जब आपको लगा हो कि सबकुछ छोड़ दिया जाए?**

—सन् 1990 में एक समय ऐसा आया, जब हम लड़खड़ा रहे थे। मेरे साथियों ने विचार किया कि चूँकि हम आगे नहीं बढ़ पा रहे हैं, इसलिए हमें अपने को बेचने के प्रस्ताव पर विचार करना चाहिए। हमने 4-5 घंटे तक विचार-विमर्श किया और मैं काफी हताश भी था। तो मैंने तेजी से कुछ सोचा। मैंने कहा, "आप लोग चिंता न करें, मैं बेचूँगा आपको। मैं जानता हूँ कि इस देश में कठिन दौर चल रहा है; लेकिन मुझे भरोसा है कि हमें उजाला नजर आएगा। मिनटों में वे सब बोल पड़े कि वे सब मेरे साथ हैं। आज के बाद से आगे हम बंद करने, थकने या छोड़ देने की बात कभी नहीं करेंगे। यह मैराथन फिर शुरू होगी।"

सन् 1990 में एक समय ऐसा आया, जब हम लड़खड़ा रहे थे। मेरे साथियों ने विचार किया कि चूँकि हम आगे नहीं बढ़ पा रहे हैं, इसलिए हमें अपने को बेचने के प्रस्ताव पर विचार करना चाहिए। हमने 4-5 घंटे तक विचार-विमर्श किया और मैं काफी हताश भी था।

नायकत्व है असंभव को संभव करने में, असलियत के प्रति नजरिया बदलने में। भारत में असलियत है—गंदी सड़कें, प्रदूषण, अव्यवस्थित यातायात आदि। असलियत वह है जैसा हम उसे बनाते हैं;

उसे बदलना हमारे ऊपर है। यदि आप लोगों को विश्वास बँधाएँ तो वे उच्चता हासिल कर सकते हैं। हम इस कंपनी को विश्व के अन्य निगमों की तरह निगम-शासन के सिद्धांतों के अनुसार पेशेवर ढंग से चलाते हैं। पेशेवरों से जुड़े निगम-संसाधनों को निजी सुविधाओं के लिए इस्तेमाल नहीं करते हैं।

- **इन्फोसिस के लिए निर्णायक मोड़ कौन सा था?**

—अवसर तैयार दिमाग की सहायता करता है। जैसे ही हमने निश्चय किया कि हम अधिक जोश के साथ मैराथन दौड़ेंगे, उदारीकरण आ गया। अगर ऐसी कोई कंपनी है, जो उदारीकरण से उत्पन्न सभी अच्छाइयों को प्रकट करती है, तो वह इन्फोसिस है। इसने हमारे लिए चार काम किए—उसने सरकार में निर्णय लेने की गति को बढ़ा दिया। एक कंप्यूटर मँगाने में 8 से 12 महीने लगते थे और निर्णय दिल्ली में बाबू पर निर्भर करता था। सन् 1991 के बाद दिल्ली जाकर मंजूरी लेने की अनिवार्यता समाप्त हो गई थी। हम यहाँ सॉफ्टवेयर टेक्नोलॉजी पार्क को पार करके आधे दिन में 10 लाख डॉलर के लाइसेंस ले सकते थे।

अवसर तैयार दिमाग की सहायता करता है। जैसे ही हमने निश्चय किया कि हम अधिक जोश के साथ मैराथन दौड़ेंगे, उदारीकरण आ गया। अगर ऐसी कोई कंपनी है, जो उदारीकरण से उत्पन्न सभी अच्छाइयों को प्रकट करती है, तो वह इन्फोसिस है। इसने हमारे लिए चार काम किए—उसने सरकार में निर्णय लेने की गति को बढ़ा दिया।

दूसरा, हिस्सेदारी एक व्यवहार्य वित्तीय विकल्प हो गया था। पूँजी-मामलों से नियंत्रण हटा लेने का भी भारतीय कारोबार पर कई तरह से प्रभाव पड़ा। सन् 1991 से पहले तक यह निर्धारित करने के लिए एक अधिकारी नियुक्त रहता

था कि किस लाभांश पर कोई कंपनी बाजार में जा सकती है और वह प्राय: अतीत की ओर देखता था। लेकिन पूँजी-बाजार भविष्य के बारे में हैं। कम लाभांश के साथ नए उद्यमी पूँजी-बाजार में जाने से कतराते थे। जैसे ही कंपनी और प्रबंधक को लाभांश तय करने की अनुमति मिल जाती थी, वह हमें खुला छोड़ देता था।

सरकार ने चालू खाते के लेन-देन के लिए रिजर्व बैंक के नियम भी उदार बनाए। इसका अर्थ यह था कि विदेश-यात्रा, कार्यालय स्थापित करना और परामर्शदाता पाना आसान हो गया था। सन् 1991 से पहले हमें रिजर्व बैंक को एक आवेदन देना पड़ता था, जिसमें 5 से 10 दिन लगते थे। आज मैं अगले 6 घंटों में उड़ान भर सकता हूँ। तो यह एक बड़ा परिवर्तन है।

सरकार ने चालू खाते के लेन-देन के लिए रिजर्व बैंक के नियम भी उदार बनाए। इसका अर्थ यह था कि विदेश-यात्रा, कार्यालय स्थापित करना और परामर्शदाता पाना आसान हो गया था। सन् 1991 से पहले हमें रिजर्व बैंक को एक आवेदन देना पड़ता था, जिसमें 5 से 10 दिन लगते थे।

सबसे महत्त्वपूर्ण बात यह है कि सरकार ने विदेशी निवेश-नीति को उलट दिया है और बहुराष्ट्रीय कंपनियों को शत-प्रतिशत स्वामित्व दे दिया है। इन्फोसिस के आगे बढ़ने का यह सबसे बड़ा कारण है। इसी बीच कई उच्च-प्रौद्योगिकीशील कंपनियाँ आईं और उन्होंने न केवल बाजार में बल्कि हमारे मानव-संसाधन के लिए भी चुनौतियाँ पेश कीं। लोगों ने मुझसे कहा कि मूर्ति, तुम्हारा खेल पूरा हो गया, तुम्हारे सारे लोग तुम्हें छोड़ देंगे।

हम तीन तरह से प्रतिक्रिया व्यक्त कर सकते थे—कि यह हमारा 'कर्म' है। हम उन्नति करेंगे, परंतु अधिक नहीं—यह हिंदू दर्शन है। दूसरा

विकल्प यह था कि सरकार पर दबाव बनाएँ कि बहुराष्ट्रीय कपंनियों को शत-प्रतिशत स्वामित्व की अनुमति न दे। नैसकॉम (NASSCOM) के अध्यक्ष के रूप में मैं इन सब लोगों को बाहर रख सकता हूँ। लेकिन वह सब मेरे मूलभूत दर्शन के विरुद्ध था। तीसरा, यह ज्ञात करना था कि हमारे युवा हमें क्यों छोड़ना चाहेंगे और यह देखना कि क्या इन्फोसिस में हम वैसी स्थितियाँ बना सकते हैं।

सफल कंपनी वही होती है, जो आंतरिक बदलाव का पहले निरीक्षण करे, न कि परिस्थिति, चुनौती और बाहरी हालात को कोसने लगे। सबको इन मूल बदलावों के बाबत सोचना चाहिए। हमने अपने वेतन बढ़ाए, स्टॉक ऑप्शन प्लान लागू किया, जिससे हमारे लोगों को अन्य किसी भारतीय बहुराष्ट्रीय कंपनी से अधिक पैसा मिलने लगा। हमने इसे काम करने का एक मनोरंजक स्थान भी बनाने का फैसला किया, क्योंकि हर दिन सायं यहाँ से घर लौटने पर हमारे लोग मानसिक एवं शारीरिक रूप से बहुत थक जाते थे। हमें यह भी सुनिश्चित करना था कि अगले दिन वे जोश और उत्साह के साथ काम पर लौटें।

सफल कंपनी वही होती है, जो आंतरिक बदलाव का पहले निरीक्षण करे, न कि परिस्थिति, चुनौती और बाहरी हालात को कोसने लगे। सबको इन मूल बदलावों के बाबत सोचना चाहिए। हमने अपने वेतन बढ़ाए, स्टॉक ऑप्शन प्लान लागू किया, जिससे हमारे लोगों को अन्य किसी भारतीय बहुराष्ट्रीय कंपनी से अधिक पैसा मिलने लगा।

मैं पक्के तौर पर यह विश्वास करता हूँ कि पश्चिम से हमारे देश को बहुत कुछ सीखना बाकी है। हमें खुले दिमागवाला और मजबूत होना है तथा उनसे सारी अच्छी बातें सीखनी हैं। मेरे लिए लोकतंत्र के मायने

है कि वह स्थान जहाँ लोग निजी हित के ऊपर जनहित के बारे में सोचें, जहाँ अधिकारों से पहले जिम्मेदारियों का निर्वहण हो।

- **इन वर्षों में किन बातों ने इन्फोसिस टीम को जोड़े रखा?**

—हम साथ कैसे रहते हैं? हमारे कायदे-कानून अलिखित हैं। सब यह जानते हैं कि अगर हमें टीम की तरह काम करना है तो हमें लेन-देन आधारित होना होगा। हम हर लेन-देन या कार्य को शून्य-आधार पर शुरू करते हैं। और हमारे लिए यह भी पूरी तरह संभव है कि किसी लेन-देन पर हम सहमत न हों, लेकिन अगला लेन-देन हम बिना पूर्वग्रह के शुरू करते हैं। जिस विचार में सबसे ज्यादा दम होता है, उसी की जीत होती है; बड़ा पद कोई अहमियत नहीं रखता। असहमति तो चीजों के स्वभाव में होती है। जब आप तरह-तरह के लोगों को आपस में जोड़ते हैं, जो एक-दूसरे की इज्जत करते हैं, अपने-अपने फन में माहिर होते हैं और आप लेन-देन आधारित होते हैं तो यह वैसे ही काम करता है, जैसा हमारे मामले में करता है।

हमारी मूल्य-प्रणाली ब्रिटिश संविधान की तरह थी, जो पूरी तरह अलिखित, परंतु व्यवहार में सक्षम थी। अगर मुझे दूसरी कंपनी खड़ी करने का दूसरा मौका मिलता है तो मैं दूसरे लोगों को नहीं ढूँढूँगा, जो सचमुच काबिल लोग हैं। हमारी मूल्य-प्रणाली ही इन्फोसिस की असली ताकत है।

हमारी मूल्य-प्रणाली ब्रिटिश संविधान की तरह थी, जो पूरी तरह अलिखित, परंतु व्यवहार में सक्षम थी। अगर मुझे दूसरी कंपनी खड़ी करने का दूसरा मौका मिलता है तो मैं दूसरे लोगों को नहीं ढूँढूँगा, जो सचमुच काबिल लोग हैं। हमारी मूल्य-प्रणाली ही इन्फोसिस की असली ताकत है। साथ ही, हमारे पास पूरक योग्यताएँ भी हैं। जैसे मैं ब्योरे पर

नजर रखता हूँ और बैलेंस शीट एवं आँकड़ों को समझता हूँ। तब मैं ज्यादा अंदर तक दाखिल हो सकता हूँ। नंदन संचार-कार्य में बहुत दक्ष हैं, इसलिए नेटवर्क से जुड़े रहते हैं। उनकी सोच बहुत रणनीतिक होती है। राघवन अच्छे कर्मचारी-प्रबंधक हैं। गोपाल हम लोगों में प्रौद्योगिकी में सर्वश्रेष्ठ हैं। शिबुलाल और दिनेश परियोजनाओं में सक्षम हैं—तो ये पूरक दक्षताएँ हैं।

- **आप अपना सर्वश्रेष्ठ व्यावसायिक निर्णय किसे मानते हैं?**

—अंतर्निरीक्षण को मैं सर्वश्रेष्ठ व्यावसायिक निर्णय मानता हूँ। हम पैडल पर पैर मारेंगे। लोगों को साथ जोड़े रखने, ब्रैंड हिस्सेदारी बनाने के लिए हम सर्वश्रेष्ठ बहुराष्ट्रीय कंपनियों से मुकाबला करेंगे। मैं मानता हूँ कि अगर आप अन्य दूसरी कंपनियों से इन्फोसिस के फर्क के बारे में मुझसे पूछते हैं तो वह यह है—हमारी मूल्य-प्रणाली बहुत मजबूत है। वास्तव में, जब मैं नए लोगों से बात करता हूँ तो जो मुख्य बात मैं कहता हूँ वह मूल्य-प्रणाली है। मैं उनसे कहता हूँ कि बेहद चुनौतिपूर्ण स्थिति में भी वे कभी ग्राहकों से इसकी चर्चा न करें। भगवान् के लिए जल्दी-जल्दी नौकरी न बदलें। देश के किसी कानून का उल्लंघन न करें। रात की अच्छी नींद के लिए लाखों-लाख डॉलर

अंतर्निरीक्षण को मैं सर्वश्रेष्ठ व्यावसायिक निर्णय मानता हूँ। हम पैडल पर पैर मारेंगे। लोगों को साथ जोड़े रखने, ब्रैंड हिस्सेदारी बनाने के लिए हम सर्वश्रेष्ठ बहुराष्ट्रीय कंपनियों से मुकाबला करेंगे। मैं मानता हूँ कि अगर आप अन्य दूसरी कंपनियों से इन्फोसिस के फर्क के बारे में मुझसे पूछते हैं तो वह यह है—हमारी मूल्य-प्रणाली बहुत मजबूत है।

ठुकराना बेहतर है। यही गुणवान् लोगों को सही महत्त्व देना है। राघवन के दो बच्चे इंजीनियर हैं, लेकिन नौकरी माँगने वे यहाँ कभी नहीं आए। यू.एस. में एम.बी.ए. करने जाने से पहले वे कहीं दूसरी जगह काम करते थे। यहाँ पेशेवरों के सम्मान को बनाए रखना हमारी जिम्मेदारी है।

इन्फोसिस के बारे में दूसरी बेजोड़ बात यह है कि गति और कल्पना सफलता के लिए केवल दो संदर्भ–अपरिवर्तित और समय–अपरिवर्तित परिमाप हैं। हम नहीं समझते कि कोई असाधारण ताकत हमें इतने वर्षों से आगे बढ़ाएगी। अगर हम नवीनता लाते रहते हैं, उसे अपनाते रहते हैं तो हम जीवित रहेंगे, वरना हम गरमी की सुबह की ओस की तरह गायब हो जाएँगे। इसलिए एक व्यामोह की भावना है और एक खास डर है कि अगर हम अपने ग्राहकों को संतुष्ट नहीं कर सके तो कल हमें खाना नहीं मिलेगा। हम नहीं मानते कि कुछ भी हमें दिया गया है। हम अपनी पिछली तिमाही जितने ही अच्छे हैं। अगर अगली तिमाही में हम अच्छा नहीं करते हैं तो हम साफ हो जाएँगे।

इन्फोसिस के बारे में दूसरी बेजोड़ बात यह है कि गति और कल्पना सफलता के लिए केवल दो संदर्भ–अपरिवर्तित और समय–अपरिवर्तित परिमाप हैं। हम नहीं समझते कि कोई असाधारण ताकत हमें इतने वर्षों से आगे बढ़ाएगी।

- **अभी तक इन्फोसिस ने शाखाई विस्तार किया है। भावी विकास की रणनीति में क्या अधिग्रहण भी शामिल है?**

—जरूर। 100 लाख डॉलर में 50% जोड़ने से 500 लाख डॉलर में 50% जोड़ने ज्यादा कठिन है। हम अधिग्रहण की फिराक में हैं, लेकिन इस तरह की कोई कंपनी अभी नहीं मिली है। हम ऐसे समूह/कंपनी की तलाश में हैं, जो सर्वोच्च पंक्ति में त्वरित रूप से और सतही पंक्ति में बीच के सत्र में जोड़ी जा सके। आदर्श रूप में यह कोई छोटी कंपनी होनी

चाहिए, जिससे कि प्रतिकूल सांस्कृतिक मुद्दों को अधिक आसानी से निबटाया जा सके। तीसरा, उसके पास एक बौद्धिक संपदा कानून जरूर होना चाहिए—या तो कार्यप्रणाली या उपकरण अथवा प्रक्रिया के रूप में जिसे ई-कॉमर्स, सी.आर.एम. आदि जैसे उभरते क्षेत्र में उत्पादकता बढ़ाने के लिए इन्फोसिस में इस्तेमाल किया जा सके। अंत में, यह कोई पुरातन प्रौद्योगिकी उत्पाद भी हो सकता है, जो बुरे दिन देख रहा हो; लेकिन कभी सक्षम ग्राहक-उपयोगी रहा हो। हम उसे ले सकते हैं और प्रौद्योगिक रूप से सक्षम कर सकते हैं, क्योंकि यहाँ हममें वैसा करने की योग्यता है। और चूँकि यहाँ विमोहित ग्राहक-आधार है, इसलिए इसे बेचना ज्यादा आसान है। किसी भी उत्पाद में, उसे पहले 20 ग्राहकों को बेचना सबसे कठिन होता है।

उसके पास एक बौद्धिक संपदा कानून जरूर होना चाहिए—या तो कार्यप्रणाली या उपकरण अथवा प्रक्रिया के रूप में जिसे ई-कॉमर्स, सी.आर.एम. आदि जैसे उभरते क्षेत्र में उत्पादकता बढ़ाने के लिए इन्फोसिस में इस्तेमाल किया जा सके।

- **कई लोगों को लगता है कि सॉफ्टवेयर कंपनियाँ Y2K के उपचार-कार्य में तेजी की माँग के कारण तरक्की कर रही हैं। Y2K के बाद इन्फोसिस का भविष्य कैसा होगा?**

—हम सतत एक सॉफ्टवेयर सेवा कंपनी रहेंगे, क्योंकि जैसे प्रौद्योगिकी तेजी से बदलती है, कंपनियाँ प्रतियोगी लाभ के लिए इंटरनेट का उन्नयन चाहेंगी। इसलिए इन्फोसिस जैसी कंपनियों के पास मौजूदा तंत्र की मरम्मत और उन्नत परिचालन के पर्याप्त अवसर रहेंगे, लेकिन मूल ताकत अनुभव हासिल करना यह रहेगा कि आप कितनी तेजी से किसी नए अनुभव, नई प्रौद्योगिकी को ग्रहण करते हैं और उसे ग्राहकों

को व्यावसायिक लाभ हेतु लागू करते हैं। जब तक इन्फोसिस में सीखने की यह प्रक्रिया जीवित रहेगी, हमें अपने भविष्य के बारे में कोई कठिनाई नहीं रहेगी।

- **कौन सी बड़ी चुनौतियाँ आपके सामने हैं?**

—प्रौद्योगिकी की उन्नति के लिए हम तरह-तरह की प्रणालियों, प्रक्रियाओं और उपकरणों का समावेश करते हैं, जिससे कि हमारे ग्राहकों की गुणवत्ता और उत्पादकता को बल मिले। अगर आज किसी काम में हमें 100 घंटे लगते हैं तो अगले साल 95 घंटे लगने चाहिए। दूसरा, हमें वृद्धि का प्रबंधन जरूर सीखना होगा। ज्यादा भरतियों के बजाय हमें थोड़े से लोगों के साथ मजबूती से जुड़कर फुर्तीली कंपनी के रूप में चलना चाहिए। इस प्रबंधन की ये चुनौतियाँ हैं।

> ***मेरा सपना इन्फोसिस को एक वैश्विक सम्मानित सॉफ्टवेयर कंपनी बनाना, सर्वश्रेष्ठ सॉफ्टवेयर तैयार करना और क्षेत्रगत विशिष्ट पेशेवरों की भरती करना है। यह बहुराष्ट्रीय कंपनी से भिन्न है, जिनकी आम तौर पर विभिन्न देशों में सहयोगी कंपनियाँ होती हैं, जो वहाँ निर्माण और विक्रय का कार्य करती हैं।***

मेरा सपना इन्फोसिस को एक वैश्विक सम्मानित सॉफ्टवेयर कंपनी बनाना, सर्वश्रेष्ठ सॉफ्टवेयर तैयार करना और क्षेत्रगत विशिष्ट पेशेवरों की भरती करना है। यह बहुराष्ट्रीय कंपनी से भिन्न है, जिनकी आम तौर पर विभिन्न देशों में सहयोगी कंपनियाँ होती हैं, जो वहाँ निर्माण और विक्रय का कार्य करती हैं। उसके उप-सिद्धांत के रूप में इसे मैं एक ही स्थान पर चाहता हूँ, जहाँ विभिन्न राष्ट्र, धर्म और जातियों के लोग एक साथ समरस और गुणवानों को महत्त्व देनेवाले समाज में प्रतियोगिता करें। मैं समझता हूँ कि ऐसे वातावरण के लिए स्थानीय लोग सर्वश्रेष्ठ हैं।

- **नई सहस्राब्दि में सॉफ्टवेयर क्षेत्र के सामने क्या-क्या चुनौतियाँ हैं?**

—पहली, हमें भारत के बाहर निगमित हिस्सेदारी और उत्पादन/सेवा में हिस्सेदारी बनानी है। इस बारे में भारतीय उद्योगों का रिकॉर्ड बड़ा दयनीय है। हमें बहुसांस्कृतिक बनना पड़ेगा, जैसे स्थानीय परिवेश के लिए स्थानीय लोग सबसे ज्यादा प्रभावी हैं और हमें बहुसांस्कृतिक परिवेश में काम करना सीखना होगा। भारतीय कंपनियों के सफलतापूर्वक ऐसा करने के कुछ उदाहरण हमारे सामने हैं।

सबसे कठिन चुनौती है भरती की, योग्य बनाने की, शक्ति-संपन्न करने की और सर्वश्रेष्ठ व प्रतिभाशाली व्यक्ति को जोड़े रखने की। प्रति व्यक्ति राजस्व उत्पादन में बढ़ोतरी और मूल्य-श्रेणी का उन्नयन अगली बड़ी चुनौती है, क्योंकि भारत में हमारी लागत बढ़ रही है। यदि हम यह नहीं करते हैं तो लंबे समय तक हमारी सफलता टिक नहीं पाएगी।

सबसे कठिन चुनौती है भरती की, योग्य बनाने की, शक्ति-संपन्न करने की और सर्वश्रेष्ठ व प्रतिभाशाली व्यक्ति को जोड़े रखने की। प्रति व्यक्ति राजस्व उत्पादन में बढ़ोतरी और मूल्य-श्रेणी का उन्नयन अगली बड़ी चुनौती है, क्योंकि भारत में हमारी लागत बढ़ रही है।

- **क्या भविष्य में उत्पाद-कंपनी बनने के लिए इन्फोसिस मूल्य-श्रेणी को ऊपर बढ़ाएगी?**

—सेवा-उद्योग में हमारे लाभ और मार्जिन सबसे अच्छे हैं। नैसडेक (NASDAQ) पर किसी से हमारा मुकाबला करके देखें। इन्फोसिस का शुद्ध आय-लाभ माइक्रोसॉफ्ट को छोड़कर अन्य उत्पादक-कंपनी की तुलना में अच्छा है। हमें उत्पाद-कंपनी में बदलने की कोई जरूरत नहीं

है। वास्तव में, नेट अर्थ-व्यवस्था में अमेजन डॉटकॉम, प्राइसलाइन, ई-बे जैसी सेवा-कंपनियाँ वृद्धि कर रही हैं। मैं इस पारंपरिक सोच कि किसी को उत्पाद भी तैयार करना चाहिए, के बारे में चिंतित नहीं हूँ। इन्फोसिस ने पिछले पाँच वर्षों में अपनी प्रति व्यक्ति उत्पादकता में कम-से-कम 10% की बढ़ोतरी की है। हम निरंतर लाभ की स्थिति में हैं।

- **क्या सूचना प्रौद्योगिकी के क्षेत्र में सरकार कोई भूमिका निभा सकती है? यह भी कहा जाता है कि इसने इसलिए वृद्धि की है, क्योंकि सरकार ने हाथ खड़े कर दिए हैं और अब एक सूचना प्रौद्योगिकी मंत्रालय बनाया गया है। यह मार्ग-अवरोध खड़े कर सकता है। आपका क्या विचार है?**

—भारतीय उद्यमियों की सफलता के लिए स्थितियाँ बनाने में सरकार की एक भूमिका है। उन्हें नीति-नियमन पर ध्यान देना चाहिए, न कि उदाहरण-दर-उदाहरण रोग के लक्षण बताने चाहिए। यदि कंपनियों के फैसले परिषद्-कक्ष में नहीं लिये जाएँगे, बल्कि कुछ सरकारी दफ्तरों में होंगे तो फिर हम कहीं आगे नहीं बढ़ पाएँगे। नीति-नियमन को आगे बढ़वाने में हमारी कंपनी अग्रणी छोर पर है। हम सरकार से इस तरह का सहयोग चाहते हैं कि हम आगे बढ़ें।

> ***भारतीय उद्यमियों की सफलता के लिए स्थितियाँ बनाने में सरकार की एक भूमिका है। उन्हें नीति-नियमन पर ध्यान देना चाहिए, न कि उदाहरण-दर-उदाहरण रोग के लक्षण बताने चाहिए।***

- **इंटरनेट की बढ़ती ताकत आपकी कंपनी के लिए क्या अवसर प्रस्तुत करती है?**

—भारत जैसे देश के लिए इंटरनेट विशेष तौर पर एक बड़ी घटना है, क्योंकि इसका अर्थ है दूरियों का अंत। यह किसी भी समय, किसी भी दृश्यावली में ले जा सकता है। भारत जैसे कम संसाधनवाले देश में

इंटरनेट यह निश्चय करने में एक निर्णायक भूमिका अदा करने जा रहा है कि व्यवसाय से व्यवसाय को एवं व्यवसाय से—उद्योग और ग्राहकों दोनों को अधिक तेजी से लाभ मिलने जा रहा है।

अमेजन जैसी कंपनियों के उभरने का धन्यवाद। पारंपरिक कंपनियाँ यह जानती हैं कि अगर उन्होंने रूप नहीं बदला तो वे बाहर हो जाएँगी। इसलिए इंटरनेट की शक्ति बढ़ाने पर बेतहाशा जोर दिया जा रहा है। ऑनलाइन लेन-देन को हम बखूबी समझते हैं—हमने अठारह साल तक यह किया है। ई-कॉमर्स में एक मजबूत, भरोसेमंद और सुरक्षित ऑनलाइन बहुपरती ट्रांजेक्शन प्रोसेसिंग इंजन की जरूरत पड़ती है। एकमात्र अंतर यह है कि आपको यूजर-फ्रेंडली वेब फ्रंट ऐंड तैयार करना पड़ता है। वह योग्यता हमने पिछले दो-तीन साल में विकसित कर ली है। नई ई-कॉमर्स कंपनियों के आने से हमें बहुत लाभ हुआ है, क्योंकि ऐसी उच्च कार्यकुशलतावाले इंजनों का डिजाइन और कार्यान्वयन हम कई वर्षों से करते आ रहे हैं। ई-कॉमर्स बैंडवैगन पाने के लिए यू.एस. की कंपनियाँ बहुत हड़बड़ी में हैं और यह हमारे लिए एक स्पष्ट अवसर है।

अमेजन जैसी कंपनियों के उभरने का धन्यवाद। पारंपरिक कंपनियाँ यह जानती हैं कि अगर उन्होंने रूप नहीं बदला तो वे बाहर हो जाएँगी। इसलिए इंटरनेट की शक्ति बढ़ाने पर बेतहाशा जोर दिया जा रहा है। ऑनलाइन लेन-देन को हम बखूबी समझते हैं—हमने अठारह साल तक यह किया है।

- **शेयर बाजार को देखने पर सूचना प्रौद्योगिकी की कीमत ज्ञात होती है और इन्फोटेक शेयर लगातार मूल्य-वृद्धि कर रहे हैं। इस पर आपकी क्या प्रतिक्रिया है?**

—मैं अपने साथियों से कहता हूँ कि शेयर बाजार की तरफ न

देखें। हमें दिन-प्रतिदिन ग्राहकों की जेब के अनुसार उत्कृष्ट उत्पाद, निश्चित समय पर उपलब्ध करवाने के बारे में फिक्रमंद होना चाहिए। हमें निवेशकों के प्रति पारदर्शिता बरतनी चाहिए, देश के किसी कानून का उल्लंघन नहीं होना चाहिए और समाज से समरसता रखनी चाहिए। यह हमारा मुख्य घोषणा-पत्र है और हमें उसका सख्ती से पालन करना चाहिए। अगर हम ये करें तो शेयर बाजार हमें पुरस्कृत करे या न करे। यह अल्पकालिक है। इसके बारे में आज हमें हर्षोन्माद से नहीं भरना चाहिए या इसके ध्वस्त होने पर कल निराशा से नहीं भर जाना चाहिए।

- **लोग कहते हैं कि भारत के बौद्धिक संभ्रांत लोग अब सिलिकॉन वैली में हैं। आपका क्या विचार है?**

—पच्चीस साल पहले अगर कोई मुझसे पूछता कि क्या भारतीयों को विदेश जाना चाहिए, तो मैं कहता कि नहीं। आज मेरा नजरिया पूरी तरह से अलग है। आज देश को आवश्यकता है देश की अच्छी ब्रैंड हिस्सेदारी की, जो कुछ उत्कृष्ट भारतीयों के विदेशों में स्थापित होने से होगी। मैं इसे बुरा नहीं समझता। अगर कुछ लोग जानते हैं तो हमें उन्हें प्रोत्साहित करना चाहिए, उनकी तारीफ करनी चाहिए, उनका स्वागत करना चाहिए और उन्हें भावनात्मक सहयोग देना चाहिए; क्योंकि वे भारत की हिस्सेदारी को बढ़ाने का महान् काम कर रहे होते हैं।

> ***पच्चीस साल पहले अगर कोई मुझसे पूछता कि क्या भारतीयों को विदेश जाना चाहिए, तो मैं कहता कि नहीं। आज मेरा नजरिया पूरी तरह से अलग है। आज देश को आवश्यकता है देश की अच्छी ब्रैंड हिस्सेदारी की, जो कुछ उत्कृष्ट भारतीयों के विदेशों में स्थापित होने से होगी।***

भारत में बैठकर मेरा भारत महान् कहना बहुत आसान है। आर्थिक शक्ति ही एकमात्र चीज है, जो आज के संसार में गिनी जाती है। हमें

विदेशियों के दिमाग में यह बात बिठानी होगी कि भारतीय ये कर सकते हैं। वास्तव में, वैली में यह पहले ही हो चुका है। अगर कोई भारतीय किसी जोखिम में शामिल होता है तो जोखिम से जुड़े पूँजीपति सकारात्मक रूप से देखेंगे। हमें इस देश को बदलना होगा, ताकि लोगों को हम न केवल यहाँ रोक सकें, बल्कि उनमें से कुछ को वापस आकर्षित कर सकें।

- **उद्यमियों की अगली पीढ़ी को आप क्या सुझाव देंगे?**

—जल्दी सो जाएँ और जल्दी उठ जाएँ तथा जी-तोड़ मेहनत करें। जिन लोगों के अंदर उद्यमशीलता की ताकत हो, उन्हें बाजार के योग्य योजना की जरूरत होती है तथा उसके लिए अवसरों की खिड़की ढूँढ़नी पड़ती है। उन्हें एक टीम बनानी पड़ती है, जो पारस्परिक रूप से विशिष्ट हो, पर सामूहिक रूप से सभी विषयों में पारंगत और एक मूल्य-प्रणाली पर काम करनेवाली हो। उद्यमशीलता मैराथन दौड़ की भाँति होती है, 100 मीटर की छोटी सी दौड़ जैसी नहीं।

जल्दी सो जाएँ और जल्दी उठ जाएँ तथा जी-तोड़ मेहनत करें। जिन लोगों के अंदर उद्यमशीलता की ताकत हो, उन्हें बाजार के योग्य योजना की जरूरत होती है तथा उसके लिए अवसरों की खिड़की ढूँढ़नी पड़ती है। उन्हें एक टीम बनानी पड़ती है, जो पारस्परिक रूप से विशिष्ट हो, पर सामूहिक रूप से सभी विषयों में पारंगत और एक मूल्य-प्रणाली पर काम करनेवाली हो।

- **पैसे का आपके लिए क्या अर्थ है?**

—एक निश्चित स्तर तक आराम के बाद मैं समझता हूँ कि किसी की संपत्ति को समाज की खुशहाली के अवसर की भाँति देखना चाहिए। मेरे साथी भी यही सोचते हैं। पैसे की ताकत देने की ताकत में

है। स्पष्टत: यह वर्षों में और धीरे-धीरे किया जाएगा; लेकिन इसमें कोई संदेह नहीं है कि जो भी हमारे पास है, उसका बड़ा भाग जन-सुविधाओं हेतु काम आएगा।

- **अगर पैसा नहीं तो आपको कौन संचालित करता है?**

—अमेरिका में एक कहावत है कि पिनबॉल के खेल में इनाम है—अगले खेल में खेलने का मौका। अधिकतर परिस्थितियों में यात्रा में आनंद आता है, मंजिल पर नहीं।

❑

मूर्ति : पुरस्कार एवं सम्मान

नारायण मूर्ति को अब तक प्राप्त महत्त्वपूर्ण पुरस्कार व सम्मान—

1996	• डाटाक्वेस्ट द्वारा आई.टी. मैन पुरस्कार।
1996-97	• जे.आर.डी. टाटा कॉर्पोरेट लीडरशिप पुरस्कार।
1997	• एफ.आई.ई. ट्रस्ट द्वारा राष्ट्रभूषण पुरस्कार।
1998, 1999, 2000	• बिजनेस वीक द्वारा लगातार तीन वर्ष 'स्टार ऑफ एशिया सम्मान'।
1998	• आई.आई.टी., कानपुर द्वारा सर्वश्रेष्ठ पूर्व छात्र पुरस्कार।
1998, 1999, 2000	• बिजनेस बैरन द्वारा प्रकाशित भारत के सर्वश्रेष्ठ सी.ई.ओ. की सूची में लगातार तीन वर्ष तक प्रथम स्थान।
1999	• इमर्जिंग मार्केट एंड आई.एन.जी. बीयरिंग्स द्वारा इमर्जिंग मार्केट सी.ई.ओ. ऑफ दि ईयर पुरस्कार।
	• बिजनेस इंडिया द्वारा बिजनेसमैन ऑफ द ईयर पुरस्कार।

- बिजनेस इंडिया द्वारा वर्ष के श्रेष्ठ उद्यमियों की सूची में स्थान।
- फेडरेशन ऑफ कर्नाटक चैंबर्स ऑफ कॉमर्स एंड इंडस्ट्री द्वारा श्री विश्वेश्वरैया स्मृति पुरस्कार।
- इलेक्ट्रॉनिक इंडस्ट्रीज एसोसिएशन द्वारा इलेक्ट्रॉनिक मैन ऑफ दि ईयर पुरस्कार।

2000
- एशिया वीक द्वारा प्रकाशित 'पावर 50' (एशिया के पचास सर्वश्रेष्ठ) की सूची में शामिल।
- 'प्रतिष्ठित' पद्‌मश्री पुरस्कार से सम्मानित।

2000–2001
- इकोनॉमिक टाइम्स द्वारा बिजनेस पर्सन ऑफ दि ईयर पुरस्कार।
- मैक्स स्मिधेनी फ्रीडम अवार्ड।
- लोक प्रशासन एवं प्रबंधन विज्ञान में उत्कृष्टता के लिए लाल बहादुर शास्त्री राष्ट्रीय पुरस्कार।
- टाइम्स ऑफ इंडिया द्वारा सर्वेक्षण में कर्नाटक के सर्वश्रेष्ठ पुरुष के रूप में चयन।
- टाइम पत्रिका द्वारा प्रकाशित विश्व के सर्वश्रेष्ठ 25 व्यवसायी में शामिल।
- अंतरराष्ट्रीय व्यापार और लोगों के जीवन-स्तर की बेहतरी में योगदान के लिए व्हार्टन एजुकेशनल इंस्टीट्यूशन द्वारा विशेष पदक से सम्मानित।

2002
- ई. एंड वाई. की ओर से वर्ष के विश्व उद्यमी का प्रतिष्ठित पुरस्कार।

2003
- सूचना तकनीकी क्षेत्र के विकास के लिए बनारस हिंदू विश्वविद्यालय द्वारा डॉक्टरेट की मानद उपाधि।
- फॉर्च्यून पत्रिका द्वारा एशिया के श्रेष्ठ व्यवसायी पुरस्कार (यह पुरस्कार अन्य संस्थापक और वर्तमान प्रबंध निदेशक नंदन नीलकेनी को भी दिया गया। इस प्रतिष्ठित पुरस्कार को पानेवाले वे पहले भारतीय हैं)।
- भारत-फ्रांस संबंधों में सुधार के लिए विशिष्ट पुरस्कार।
- जवाहरलाल नेहरू स्मृति पुरस्कार।
- सूचना तकनीकी उद्योग में योगदान के लिए कश्मीर विश्वविद्यालय द्वारा डॉक्टरेट की मानद उपाधि से सम्मानित।

2004
- भारतीय व्यापारी संघ की स्वर्ण जयंती के अवसर पर सर्वश्रेष्ठ व्यवसायी पुरस्कार।
- टाइम पत्रिका द्वारा प्रकाशित सूचना संचार उद्योग के विकास में योगदान करनेवाले विश्व नेताओं की सूची में स्थान।
- लोकमान्य तिलक पुरस्कार।
- पी.सी. एवं फाइनेंशियल टाइम्स के विश्व अंक की सर्वोच्च सम्मानित व्यवसायी की सूची में स्थान।

2005
- 'इकोनॉमिस्ट' की 15 सबसे प्रशंसनीय ग्लोबल लोगों को भूमंडलीय नेताओं की सूची में आठवें स्थान पर प्रतिष्ठित।

- 'फाइनेंशियल टाइम्स' द्वारा प्रकाशित विश्व के सबसे प्रतिष्ठित अग्रणी व्यवसायियों की सूची में अट्ठाइसवें स्थान पर प्रतिष्ठित।

2006
- 'टाइम' पत्रिका द्वारा आयोजित मतदान में 'एशियन हीरो' का खिताब।

2007
- 'इकोनॉमिस्ट' द्वारा 'बिजनेस प्रॉसेस इनोवेटर' के रूप में चयनित।
- सूचना तकनीकी के भूमंडलीकरण में पथ-प्रदर्शक की भूमिका निभाने के लिए दि इंस्टीट्यूट ऑफ इलेक्ट्रिकल एंड इलेक्ट्रॉनिक्स इंजीनियर्स द्वारा अर्नेस्ट वेबर इंजीनियरिंग लीडरशिप मेडल।

2008
- भारत सरकार द्वारा दूसरे सर्वोच्च नागरिक सम्मान 'पद्म विभूषण' से सम्मानित।
- फ्रांस सरकार द्वारा 'ऑफिसर ऑफ द लीजन ऑफ ऑनर' उपाधि से सम्मानित।

❑

इन्फोसिस : विकास के चरण

इन्फोसिस का शुरुआती दौर बड़ा उतार-चढ़ाव भरा रहा। इस दौर में कई ऐसे निर्णायक मोड़ आए, जहाँ इसके संस्थापकों ने बेहद बुद्धिमत्ता दिखाते हुए समुचित निर्णय लिये और इसे सफलता की बुलंदियों तक पहुँचा दिया। इसके उन्हीं निर्णायक मोड़ों पर एक नजर—

1981 * एन.आर. नारायण मूर्ति एवं छह इंजीनियरों द्वारा पुणे में 250 अमेरिकी डॉलर की शुरुआती पूँजी के साथ इन्फोसिस की स्थापना।

* इन्फोसिस कंसल्टेंट्स प्राइवेट लिमिटेड विधिवत् पंजीकृत।

* न्यूयॉर्क में अपने पहले ग्राहक डेटा बेसिक्स के साथ समझौते पर हस्ताक्षर।

1982 * प्रथम बार इन्फोसिस द्वारा आई.आई.टी., मद्रास से कुछ लोगों की भरती।

* अमेरिका से प्रथम ग्राहक, डेटा बेसिक्स।

1983 * माइको (MICO) द्वारा इन्फोसिस की सेवाएँ लेने का निर्णय—एक बड़ा निर्णायक मोड़।

* मुख्यालय पुणे से बेंगलुरु में स्थानांतरित।

1987 * इन्फोसिस ने अपना पहला समुद्रपार दफ्तर अमेरिका में खोला।

1989 * बढ़ती समस्याओं के कारण इन्फोसिस को बंद करने/बेचने की स्थिति। नारायण मूर्ति के हस्तक्षेप के बाद ऐसा नहीं हो पाया।

1991 * इन्फोसिस की आमदनी लगभग 5 करोड़ रुपए।

* भारत सरकार के आर्थिक सुधारों द्वारा इन्फोसिस के विकास में सहायता।

1992 * इन्फोसिस का पूरा नाम बदलकर इन्फोसिस टेक्नोलॉजीज प्राइवेट लिमिटेड (2 अप्रैल) किया गया।

* इन्फोसिस का मुख्यालय बेंगलुरु स्थानांतरित।

1993 * इन्फोसिस के शेयर बांबे स्टॉक एक्सचेंज में जारी।

* इन्फोसिस ने 'ISO 9001' प्रमाणपत्र अर्जित किया।

* इन्फोसिस को 'TickIT' गुणवत्ता प्रमाणपत्र प्राप्त हुआ।

* कार्यालय-भवन के लिए बेंगलुरु में 5 एकड़ भूमि खरीदी।

1994 * व्यवसायी मुख्यालय इलेक्ट्रॉनिक्स सिटी, बेंगलुरु में स्थानांतरित। फ्रेमाउंट में एक विकास केंद्र की शुरुआत।

1995 * यू.के. में पहला यूरोपीय दफ्तर एवं टोरंटो और मैंगलोर में विकास केंद्र खोले।

* ई-व्यवसाय की शुरुआत।

* बेंगलुरु में इन्फोसिस सॉफ्टवेयर पार्क खोला गया। इन्फोसिस के कार्यालय भारत के प्रमुख शहरों में खोले गए।

1996 * इन्फोसिस फाउंडेशन की शुरुआत (दिसंबर)।

यूरोप में पहला इन्फोसिस कार्यालय (मिल्टन केंस, यू.के.)।

* इन्फोसिस का सॉफ्टवेयर कनेक्टिविटी की ओर ज्यादा रुझान।

1997 * इन्फोसिस का कार्यालय टोरंटो, कनाडा में खुला।

* इन्फोसिस को सी.एम.एम. स्तर 4 गुणवत्ता नियंत्रण प्रमाणपत्र मिला।

1998 * इंटरप्राइस सॉल्युशन (पैकेज्ड एप्लीकेशन) की शुरुआत।

1999 * अमेरिका में दो विकास केंद्र आरंभ।

* इन्फोसिस व्यवसाय परामर्श सेवा आरंभ।

1999 * पहली बार इन्फोसिस की आमदनी 1,000 लाख डॉलर हुई।

* अमेरिकी नैसडेक (NASDAQ) शेयर मार्केट में सूचित होनेवाली पहली भारतीय कंपनी।

* इन्फोसिस के कार्यालय जर्मनी, स्वीडन, बेल्जियम और ऑस्ट्रेलिया में खुले।

* इन्फोसिस को सी.एम.एम. 5 (उच्चतम) गुणवत्ता नियंत्रण प्रमाणपत्र।

2000 * पहली बार इन्फोसिस की आमदनी बढ़कर 2,000 लाख डॉलर हुई।

* इन्फोसिस के कार्यालय फ्रांस और हांगकांग में खुले।

* माइक्रोसॉफ्ट ने इन्फोसिस के साथ काम करने की इच्छा जताई।

2001 * 'बिजनेस टुडे' और 'हेविट' द्वारा हुए सर्वेक्षण में

इन्फोसिस सर्वश्रेष्ठ सेवा प्रतिष्ठान के रूप में चुना गया।

* इन्फोसिस की कमाई पहली बार 4,000 लाख डॉलर हुई।
* अपने कर्मचारियों तक अपना लाभ पहुँचाने के लिए इन्फोसिस ने ESOP योजना आरंभ की, जो किसी भारतीय सॉफ्टवेयर कंपनी द्वारा पहली बार लाई गई थी।
* इन्फोसिस के दफ्तर यू.ए.ई., अर्जेंटीना और जापान में खुले।
* इंटेल का इन्फोसिस के साथ कार्यारंभ।
* भारत में सॉफ्टवेयर निर्यात के मामले में इन्फोसिस ने प्रथम स्थान बनाया।

2002
* नंदन नीलकेनी द्वारा इन्फोसिस के नए सी.ई.ओ. के रूप में कार्यभार ग्रहण।
* अब तक के सी.ई.ओ. नारायण मूर्ति कंपनी के अध्यक्ष, सलाहकार और मार्गदर्शक बने।
* इन्फोसिस ने पहली बार 50 करोड़ डॉलर कमाई की।
* इन्फोसिस के कार्यालय हॉलैंड, सिंगापुर और स्विट्जरलैंड में खोले गए। इन्फोसिस ने आई.बी.एम., सन (SUN) इत्यादि के साथ कार्यारंभ किया।
* अपने बी.पी.ओ. (बिजनेस प्रोसेस आउटसोर्सिंग) 'प्रोगेऑन' की शुरुआत।

2003
* चीन और ऑस्ट्रेलिया में सहायक कंपनियाँ स्थापित।

* पुणे व चीन में कार्य-विस्तार। तिरुअनंतपुरम में एक विकास केंद्र स्थापित।
* BVQI द्वारा दूरसंचार सेवाओं के लिए इन्फोसिस को TL 900 गुणवत्ता नियंत्रण प्रमाणपत्र प्रदान।
* इन्फोसिस ने ओरकल (Oracle) के साथ कार्यारंभ किया।
* एक्सपर्ट इन्फॉर्मेशन सर्विसेज प्रा. लिमिटेड, ऑस्ट्रेलिया (एक्सपर्ट) की 100 प्रतिशत हिस्सेदारी खरीदकर इसका नाम इन्फोसिस ऑस्ट्रेलिया प्रा. लिमिटेड किया।

2004 * इन्फोसिस की वार्षिक आमदनी 1 अरब डॉलर के पार पहुँची।
* इन्फोसिस द्वारा ISO 14001 गुणवत्ता नियंत्रण प्रमाणपत्र अर्जित।
* एक साल के भीतर 1,000 करोड़ रुपए का लाभ कमाने वाली—इन्फोसिस पहली भारतीय सॉफ्टवेयर कंपनी बनी।

2005 * भारत से 100 करोड़ अमेरिकी डॉलर की सबसे बड़ी रिकॉर्ड अंतरराष्ट्रीय साझेदारी प्रस्तावित।
* 'ग्लोबल मेक हॉल ऑफ फेम' के लिए चयन।

2006 * 2 जुलाई, इन्फोसिस ने अपनी रजत जयंती आयोजित की।
* 20 अगस्त, नारायण मूर्ति कार्यकारी अध्यक्ष के पद से सेवामुक्त।
* अपने बी.पी.ओ. प्रोगेऑन में सिटी बैंक की 23 प्रतिशत की साझेदारी खरीदी और इस पर पूर्ण

स्वामित्व करके इसका नाम इन्फोसिस बी.पी.ओ. लिमिटेड किया।

2007 * इन्फोसिस की आय 300 करोड़ अमेरिकी डॉलर के पार पहुँची।

* कर्मचारियों की संख्या 70,000 से अधिक हुई।

* 13 अप्रैल, नंदन नीलकेनी सी.ई.ओ. के पद से सेवायुक्त। कृश गोपालकृष्णन नए सी.ई.ओ. बने।

* नंदन नीलकेनी निदेशक मंडल के सह-अध्यक्ष नियुक्त।

* दक्षिण अमेरिका में नई सहायक कंपनी की स्थापना।

2008 * आय 400 करोड़ अमेरिकी डॉलर के पार पहुँची।

* कर्मचारियों की संख्या 90,000 के पार हुई।

❑

इन्फोसिस : पुरस्कार एवं सम्मान

इन्फोसिस को आरंभ से ही उसके ग्राहकों, उद्योग जगत्, मीडिया और अन्य प्रतिष्ठानों से उत्कृष्ट कार्यकुशलता के लिए पुरस्कार व सम्मान मिलते रहे हैं। ये कुछ प्रमुख पुरस्कार हैं जो उसे अब तक प्राप्त हुए हैं—

निर्यात निष्पादन पुरस्कार

1993-94

* वाणिज्य मंत्रालय, भारत सरकार द्वारा निर्यात-निष्पादन में उत्कृष्टता के लिए ट्रॉफी।

1994-95

* इलेक्ट्रॉनिक्स एंड कंप्यूटर सॉफ्टवेयर प्रमोशन काउंसिल, नई दिल्ली द्वारा इलेक्ट्रॉनिक्स एवं कंप्यूटर सॉफ्टवेयर वर्ग में निर्यात उत्कृष्टता हेतु 'अखिल भारतीय शील्ड' प्राप्त।

1995-96

* वाणिज्य मंत्रालय, भारत सरकार द्वारा निर्यात उत्कृष्टता के लिए गुणवत्ता प्रमाणपत्र प्राप्त।

1999

* भारत सरकार की नई आयात-निर्यात नीति के प्रावधानों के अनुसार 'इंटरनेशनल सुपर स्टार सर्विस एक्सपोर्ट हाउस' के

दर्जे से सम्मानित। यह दर्जा हासिल करनेवाली भारत की पहली कंपनी।

2007

* सेवा वर्ग में फेडरेशन ऑफ कर्नाटक चैंबर्स ऑफ कॉमर्स एंड इंडस्ट्री द्वारा निर्यात उत्कृष्टता पुरस्कार से सम्मानित।

प्रौद्योगिकी उत्कृष्टता पुरस्कार

1995-96

* इलेक्ट्रॉनिक्स एवं कंप्यूटर सॉफ्टवेयर संवर्धन परिषद्, नई दिल्ली द्वारा 'नए उत्पादों के नव प्रवर्तन' वर्ग के अंतर्गत उत्कृष्टता के लिए विशिष्ट पुरस्कार प्राप्त।

1997

* Bancs 2000, कंप्यूटर सोसाइटी ऑफ इंडिया के लिए 'बेस्ट पैकेज्ड एप्लिकेशन कैटेगरी' के अंतर्गत राष्ट्रीय आई.टी. पुरस्कार।

1999

* डेटाक्वेस्ट आई.टी. पाथब्रेकर पुरस्कार।
* इंस्टीट्यूट ऑफ इलेक्ट्रानिक्स एंड टेलीकम्युनिकेशन इंजीनियर्स की ओर से इलेक्ट्रॉनिक्स, दूरसंचार एवं आई. टी. उद्योग में उत्कृष्ट प्रदर्शन के लिए आई.ई.टी.ई. कॉर्पोरेट पुरस्कार।

2000

* विश्व आर्थिक मंच की ओर से 'टेक्नोलॉजी पायोनियर' का विशिष्ट पुरस्कार।

2002

* फाइनेंशियल टेक्नोलॉजी एशिया की ओर से सर्वश्रेष्ठ क्षेत्रीय सॉफ्टवेयर गृह पुरस्कार।

2003

* उत्पाद-आपूर्ति और सेवा के प्रति प्रतिबद्धता के उच्च मानकों के लिए टेक्सास इंस्ट्रूमेंट्स (TI) 2001 सप्लायर एक्सीलेंस अवार्ड।
* Deloitte Touche Tohmatsu एशिया प्रशांत प्रौद्योगिकी फास्ट 500 द्वारा प्रदर्शित पहली 250 कंपनियों में शामिल।

मानव-व्यवहार हेतु पुरस्कार

2001

* बिजनेस टुडे एवं हेविट द्वारा सर्वश्रेष्ठ रोजगारदाता के लिए हुए 155 कंपनियों के सर्वेक्षण में इन्फोसिस टेक्नोलॉजीज को भारत के सर्वश्रेष्ठ रोजगारदाता के रूप में प्रथम स्थान प्राप्त।

2002

* हेविट एसोसिएट्स के सर्वेक्षण में लगातार दूसरी बार भारत के सर्वश्रेष्ठ नियोक्ता के रूप में पहले पायदान पर काबिज।
* डेटाक्वेस्ट द्वारा शीर्ष बीस भारतीय सॉफ्टवेयर कंपनियों में किए 'कर्मचारी धारणा सर्वेक्षण' अर्थात् कर्मचारियों की अपनी कंपनी के बारे में राय; में प्रथम स्थान हासिल।

2003

* डेटाक्वेस्ट द्वारा लगातार दूसरी बार सूचना प्रौद्योगिकी के क्षेत्र में प्रथम स्थान प्राप्त नियोक्ता।

* बिजनेस टुडे एवं हेविट के वार्षिक सर्वेक्षण में भारत के सर्वश्रेष्ठ नियोक्ता।

2004

* 'कंप्यूटर वर्ल्ड' की ओर से सूचना प्रौद्योगिकी के क्षेत्र में अमेरिका में कार्य के 100 सर्वश्रेष्ठ स्थानों की जारी सूची में शामिल।
* इन्फोसिस प्रशिक्षण एवं विकास टीम को अमेरिकन सोसाइटी फॉर ट्रेनिंग एंड डेवलपमेंट (ASTD) की ओर से संगठनात्मक कार्यकुशलता हेतु प्रशिक्षण में योगदान के लिए 'सर्वश्रेष्ठ पुरस्कार' प्राप्त।

2006

* 'बिजनेस टुडे' में प्रकाशित BT-Mercer-TNS के सर्वेक्षण में 'भारत में नौकरी के लिए सर्वश्रेष्ठ' कंपनी घोषित।

2007

* नौकरियों में स्त्री-पुरुष की उत्कृष्ट भागीदारी के लिए नैसकॉम-इंडिया टुडे वुमन कॉर्पोरेट पुरस्कार।
* 'ग्लोबल आउटलुक' में 2007 ऑप्टिमस पुरस्कार प्राप्त।

कंपनी प्रदर्शन एवं प्रबंधन पुरस्कार

2008

* बारह महीने के सुनहरे प्रदर्शन के लिए बोइंग कंपनी द्वारा 2007 बोइंग परफॉर्मेंस एक्सीलेंस अवार्ड (BPEA) प्राप्त।
* अमेरिप्राइस फाइनेंशियल की ओर से '2007 वेंडर ऑफ द ईयर' पुरस्कार।
* सी.एन.बी.सी. टी.वी. 18, सी.एन.बी.सी. आवाज और

moneycontrol.com की ओर से आयोजित मतदान में 'न्यू एज एंप्लॉयर ऑफ वाइस अवार्ड 2007' के विजेता।

* इन्फोसिस वार्षिक रिपोर्ट 2008 को एल.ए.सी.पी. प्लेटिनम पुरस्कार।
* ए.पी.ए.सी. कंपनी की ओर से सर्वश्रेष्ठ निवेशक संबंध पुरस्कार।

❑

संदर्भ ग्रंथ-सूची

पुस्तकें

* ए ड्रीम स्टोरी—सुधा नारायण मूर्ति/अरोकियावेलु—वनाथी पब्लिकेशंस-2002
* द वर्ल्ड इन अवर हैंड्स—सुधा नारायण मूर्ति (तमिल : चारुकेशी)—कलिंगन पब्लिकेशंस-2004
* बेटर इंडिया बेटर वर्ल्ड—नारायण मूर्ति से साक्षात्कार
* जनवरी 2000—भेंट : नाजनीन कर्माली-सेमिनार पत्रिका
* जनवरी 2000—भेंट : मूर्तीश नंदी - rediff.com
* जुलाई 2000—भेंट : बॉब डॉवलिंग, क्रिस्टोफर पॉवर एंड शेरी प्रासो-बिजनेस
* अक्तूबर 2000—संग्रह : जेकी बॉरेल—'अपसाइड' एवं www.siteboard.de
* फरवरी 2000—मेंट : टॉनी जोंस—ए.बी.सी. ऑस्ट्रेलियन ब्रॉडकॉस्ट/टेलीकास्ट
* जुलाई 2003—भेंट : बॉब हेवर्ड—द गार्टनर
* अगस्त 2004—भेंट : अमित त्रिपाठी—सी.एक्स.ओ. टुडे
* नवंबर 2004—भेंट : नीरेन चौहान—सी.ई.ओ. स्पीक www.indiainfaline.com

अन्य

* सुधा नारायण मूर्ति से भेंट : अरुणा श्रीनिवासन—टाइम्स ऑफ इंडिया—दिसंबर 2002
* नंदन नीलकेनी से भेंट : द टाइम्स ऑफ इंडिया—अप्रैल 2002

आलेख

* बिल्डिंग ए जॉइंट फ्रॉम स्क्रेच (व्याख्यान)—एन.आर. नारायण मूर्ति—व्हार्टन स्कूल, पेंसिलवेनिया विश्वविद्यालय
* इन्फोसिस कंपनी हिस्ट्री—इकोनॉमिक टाइम्स
* हाऊ 2 इन्वेस्ट—बी.आर. श्रीकांत एवं कृष्ण प्रसाद—आउटलुक, 19 जून, 2002
* द स्टार ऑफ इंडिया, वर्जन 2.0—सेतुरमन दिनकर—सी.एफ.ओ. एशिया
* फेयरवेल, इंडियन हीरो : नारायण मूर्ति रिटायर्स—विवेक दास—सिलिकॉनियर्स—अप्रैल 2002
* नारायण मूर्ति टू पाटनी, विद लव—एन.आर. नारायण मूर्ति—कॉर्पोरेट डोजियर/इकोनॉमिक टाइम्स—16 अक्तूबर, 2002
* इन्फोसिस टेक्स द लीप—श्रीनिवास कोनकांची—सिलिकॉन इंडिया—मई 1999
* सिंपल, सेल्फलेस, सुपर रिच—क्लिफोर्ड साहनी—www.lifepositive.com
* टेलिकॉम एंड सॉफ्टवेयर—ट्रेंड्स एंड फ्यूचर इन साउथ एशिया—सलमान सईद—www.the-south-asian.com

* द सुधा फैक्टर इन इन्फोसिस शेयर होल्डर—रशीदा भगत—13 अगस्त, 2000
* द सॉफ्टवेयर इंडस्ट्री इन इंडिया : अपोर्च्युनिटी एंड चैलेंजेस (व्याख्यान)—एन.आर. नारायण मूर्ति—हांगकांग एशियाई समाज।
* ह्वाट वी मस्ट लर्न फ्रॉम द वेस्ट (व्याख्यान)—एन.आर. नारायण मूर्ति—लालबहादुर शास्त्री मैनेजमेंट इंस्टीट्यूट
* कम्युनिज्म बिगेस्ट हर्डल टू इकोनॉमिक ग्रोथ (व्याख्यान) नारायण मूर्ति दरबारी सेठ स्मृति (व्याख्यान)
* इन्फोसिस टेक्नोलॉजी लिमिटेड—प्रो. जितेंद्र सिंह के मार्गदर्शन में भैरव त्रिवेदी—व्हार्टन स्कूल, पेंसिलवेनिया विश्वविद्यालय—1999

पत्रिकाएँ/अखबार

कालकी

इकोनॉमिक टाइम्स

टाइम्स ऑफ इंडिया

द हिंदू

द ट्रिब्यून

डेटाक्वेस्ट

सैवी

फॉर्ब्स

बिजनेस वीक

टाइम

दि इंडियन एक्सप्रेस

बिजनेस स्टैंडर्ड

फाइनेंशियल एक्सप्रेस

सेमिनार पत्रिका

वेबसाइट्स

1. www.google.com
2. www.infy.com
3. www.karnataka.com
4. www.zdnetindia.com
5. www.indiainfo.com
6. www.rediff.com
7. www.sify.com
8. www.onlypunjab.com
9. www.mumbai-central.com
10. www.infosys.com

□□□